Als Gott schwieg

Schalom Ben-Chorin

Als Gott schwieg

Ein jüdisches Credo

Matthias-Grünewald-Verlag · Mainz

CIP-Kurztitelaufnahme der Deutschen Bibliothek

Ben-Chorin, Schalom:
Als Gott schwieg: e. jüd. Credo / Schalom Ben-Chorin
— Mainz: Matthias-Grünewald-Verlag, 1986
ISBN 3-7867-1252-2

Umschlag: Peter Offenberg Grafik
Hiob. Öl auf Tannenholz (Ausschnitt)
von Walter Habdank
Satz: Roddert Fotosatz, Mainz
Herstellung: Echter Würzburg
Fränkische Gesellschaftsdruckerei und Verlag GmbH

Inhalt

Vorwort

In diesem kleinen Buche habe ich, auf Anregung des Matthias-Grünewald-Verlages, einige Beiträge zum Problem einer Theologie nach Auschwitz zusammengestellt.
Dieses Problem stellt sich Juden und Christen gleichermaßen. Eine wirklich umfassende und befriedigende Antwort liegt außerhalb unserer Möglichkeiten. Das Problem der Theodizee hat von Hiob bis Leibniz und weiter keine befriedigende Lösung gefunden. Dieses Problem stellt sich uns aber, der Generation nach Auschwitz, in besonderer Schärfe und Dringlichkeit. Im Bewußtsein, daß wir hier im Grunde überfragt sind, versuchen wir doch, von den Zeugnissen des Glaubens her, Ansätze zu einer Antwort zu finden. Mehr wäre Hybris.
Der Beitrag „Die Unvergleichlichkeit des Holocaust" wurde unmittelbar für diese Sammlung geschrieben.
Dem Aufsatz „Theologie nach Auschwitz" liegt ein Vortrag zugrunde, den ich am 10. März 1985 in Heerlen (Holland) gehalten habe.
„Der leidende Mensch. Von Hiob bis zum Knechte Gottes" ist dem Sammelband „Daß dein Ohr auf Weisheit achte. Jüdische Beiträge zum Menschenbild", hrsg. von Karl Heinz Schröter im Jugenddienst-Verlag, Wuppertal 1966, entnommen. Diesem Band lag eine Sendereihe des Senders Freies Berlin zugrunde.

Auch dem Beitrag „Passion Israels — Passion Jesu“ ging ein Kurzreferat des Kirchenfunks SFB in einer Sendereihe im Herbst und Winter 1974 voraus. Es erschien 1975 in meiner Broschüre „Dialogische Theologie/Schnittpunkte des jüdisch-christlichen Gesprächs“ (Trier, Paulinus-Verlag). Das Schlußkapitel „Der Trost Jesusalems“ faßt meine persönliche Stellungnahme zusammen.
Diese Publikationen sind längst vergriffen, und ich nehme daher gerne die Gelegenheit wahr, die darin verarbeiteten Gedanken abermals zur Diskussion zu stellen.
Ich bin erstmalig auf das hier behandelte Problem in meinem Buch „Die Antwort des Jona“ (Hamburg 1956) eingegangen. Das Buch liegt nun in einer Neu-Ausgabe unter dem Titel „Gestaltwandel Israels“ vor (Offenbach 1985, OK-Verlag, Otto W. Kömpf). Im ersten Kapitel „Gericht und Gnade“ habe ich die Formen der Leiden in den Abschnitten „Die Hiobs-Position“, „Das Leiden als Strafe“, „Das Sühneleiden“ behandelt, von der Erkenntnis ausgehend, daß der Holocaust einerseits und die Errichtung des Staates Israel andererseits Ausgangspunkte einer heutigen jüdischen Theologie sein müssen. Diese Erkenntis hat sich inzwischen weitgehend durchgesetzt.
Sehr ähnliche Ansatzpunkte ergeben sich aber auch für christliche Theologie. Auschwitz war der Bankrott des Christentums. Es waren getaufte Christen, die sich dort und an zahllosen anderen Orten des Schreckens in Mord und Massenvernichtung an ihren jüdischen Brüdern und an anderen Menschenbrüdern vergingen. Daher muß auch christliche Theologie sich dieselbe Frage stellen, die sich dem Juden stellt: Können wir nach Auschwitz noch glauben? Dieses gemeinsame Fragen kann uns einander näherbringen. In der tiefen Nacht der ‚Gottesfinsternis‘ (dieses Wort stammt von Franz Werfel und wurde von Martin Buber übernommen)

blinken kleine Lichter der Hoffnung auf, Menschen, die den Sieg der Liebe über den Haß verkörpern: Menschen wie der Katholik Maximilian Kolbe und der Jude Janus Korczak. So lange es Blutzeugen der Liebe gibt, werden auch Glaube und Hoffnung nicht verlöschen.

Jerusalem, im Spätsommer 1985 S.B.C.

Die Unvergleichlichkeit des Holocaust

Im Mai 1985 trafen sich im Hause des Jerusalemer evangelischen Pfarrers Michael Krupp einige Freunde des Berliner Altbischofs Kurt Scharf, der zu kurzem Besuch in Israel weilte.

Schmarjahu Talmon, Professor für Bibelwissenschaft an der Hebräischen Universität in Jerusalem, berichtete von seinen Begegnungen mit deutscher akademischer Jugend, vor allem Theologiestudenten beider Konfessionen. Er machte darauf aufmerksam, daß es heute außerordentlich schwierig geworden sei, den Nachgeborenen der Trägödie des Holocaust die Unvergleichlichkeit dieser Jahre verständlich zu machen.

Eine junge Generation — nicht nur in Deutschland — weist immer wieder darauf hin, daß es auch andere Massentragödien, von Hiroshima und Nagasaki bis Vietnam und die heutigen Wirren im Libanon, gegeben habe und gebe. Daher sei es nicht ganz zu verantworten, immer und immer wieder auf diese eine Tragödie hinzuweisen, die mit dem Schreckensnamen Auschwitz bezeichnet wird.

Auch gutartige junge Menschen sehen in dem ständigen Verweis der Juden auf ihr Martyrium gleichsam die Kehrseite eines fraglich gewordenen Erwählungsbegriffes.

Talmon steht vor diesem Phänomen ratlos, findet keinen Weg zu solchen Hörern und Fragern, die menschlichen Tragödien keineswegs beziehungslos gegenüberstehen, aber ein

Herausnehmen des Holocaust aus den Millionen Leiden unserer Zeit nicht nachvollziehen können.
Es ist sicher richtig, daß das jüdische Volk ein längeres Gedächtnis als andere Völker hat. Es wurde nicht umsonst das Volk des langen Gedächtnisses genannt.
Der Begriff des Sikkaron, des Gedenkens, ist ein Zentralbegriff des Judentums und hat sich mutatis mutandis auch auf das Christentum übertragen. Wo Geschichte als Heilsgeschichte interpretiert wird, ist sie mit Ewigkeit imprägniert.
Wo gäbe es noch ein Volk, das unablässig, in Liturgie und Brauchtum, seiner Befreiung gedächte, die vor rund 3500 Jahren stattgefunden hat? Der Auszug aus Ägypten, historisch nur schwach bezeugt, ist für das Judentum kein Ereignis grauer Urzeit, sondern ein aktuell gegenwärtiges Geschehen.
Wo gäbe es noch ein Volk, das der Zerstörung seiner Hauptstadt nach fast zweitausend Jahren alljährlich an einem nationalen Trauertag mit Fasten und Klageliedern gedächte, wie das die Juden am neunten Av, dem Tag der Tempelzerstörung durch den Römer Titus, vollziehen, der zugleich an die Zerstörung des Ersten Tempels unter Nebukadnezar von Babylon erinnert?
Nichts ist vergessen: nicht die Rettung der Juden im großpersischen Reich, nicht das Martyrium und die Siege der Makkabäer in der Epoche der Diadochen nach Alexander dem Großen ...
Dieses geschichtlich-heilsgeschichtliche Erinnerungsvermögen kann eigentlich nur der Christ nachvollziehen, der sich der Stationen im Leben des Jesus von Nazareth in Wortverkündigung und Sakrament immer innebleibt, ohne auch hier fast zweitausend Jahre in Rechnung zu stellen.
Es wäre also zu erwarten, daß christliche Theologiestudenten ein Gespür für das partiell exklusive Erinnerungsvermögen

der Juden aufbrächten. Vor allem aber ist auch dem geschichtlich wachen Menschen, der nicht von Theologumena wie Erwählung und Einzigartigkeit Israels ausgeht, der einmalige Charakter des Holocaust zu vermitteln.

Massentragödien wie die Folgen der Atombombe über Japan, der sinnlose Krieg in Vietnam und im Libanon finden ihre Parallelen in der Weltgeschichte, die weithin eine Geschichte der Kriege ist. Das Ausmaß der Vernichtung durch die Atombombe ist zwar unvergleichlich, aber nur das Ausmaß. Bombardierungen gab es bereits im früheren Krieg.

Die militärischen Operationen der USA in Vietnam entsprechen dem vergeblichen Eingreifen von Großmächten in fernen Gebieten außerhalb ihres Territoriums, wie wir es bereits aus der römischen Geschichte kennen. Was sich im Libanon abspielt, ist ein neues Kapitel in der unendlichen Reihe der Bürgerkriege, die immer wieder auch die Einmischung fremder Mächte provozieren.

Was sich aber im Holocaust ereignet hat, findet, soweit ich sehe, keine Parallele in der Geschichte. Kolonisatoren haben eingeborene Stämme ausgerottet, um sich in den Besitz ihres Landes zu setzen. In Süd- und Nordamerika haben wir Beispiele dieser Art, aber auch in der antiken Geschichte, wo im Alten Orient die Deportation der Bevölkerung ein Mittel des Imperialismus war. Auch das babylonische Exil Israels gehört in diese Kategorie. Der Holocaust aber steht völlig isoliert da, auch in der jüdischen Geschichte, die so reich und überreich an Martyrium ist.

Denkt man an die Ausrottung ganzer jüdischer Gemeinden in Frankreich und am Rhein während der Kreuzzüge, an die Schreckensherrschaft der Inquisition in Spanien und Portugal, die zur Vertreibung der Juden aus diesen Ländern führte, denkt man an die Pogrome in Polen und im zaristischen

Rußland, so bietet sich zwar ein Bild des Grauens, das aber nicht mit dem Holocaust verglichen werden kann.
Kreuzzüge und Inquisition gewährten den Juden noch die Krone des Martyriums, machten ihn zum Blutzeugen seines Glaubens an die Einheit und Einzigkeit Gottes. Wer dem Martyrium entgehen wollte, konnte sich in den Schatten des Kreuzes retten, wenn er die Taufe nahm. Die überwiegende Mehrzahl des Volkes aber zog den Tod „al Kiddusch Haschem", zur Heiligung des Göttlichen Namens, vor.
Mit Recht werden daher bis heute diese Opfer als Kedoschim, als Heilige bezeichnet. Die Märtyrer der Judenverfolgungen sind die Heiligen Israels.
In den Pogromen Osteuropas, wir möchten hier nur die Chmelnizki-Pogrome im 17. Jahrhundert erwähnen, wurden die Juden zum Opfer eines angefachten Volkszorns, der in wüste Anarchie ausartete.
Ganz anders der Holocaust.
Das NS-Regime raubte dem Juden die Würde des Martyriums. Seine Glaubenshaltung war vollkommen bedeutungslos. Keine Taufe konnte ihn retten. Man denke nur an das Schicksal der jüdischen Nonne Edith Stein, einer Karmelitin, die aus ihrem Kloster in Holland, in welches sie von Köln geflohen war, nach Auschwitz zur Vergasung deportiert wurde. Auch ihre Schwester ging denselben Leidensweg — katholisch getauft.
Ich greife diesen bekannten Fall heraus, aber es gibt zahllose andere Fälle dieser Art, etwa den des deutschen evangelischen Pfarrers Ernst Flatow, eines getauften Juden, der selbst in Bethel bei Pastor Bodelschwingh kein Refugium finden konnte und ebenfalls zur Vernichtung nach dem Osten deportiert wurde.
Die Massenmorde des Holocaust sind nicht wie die Chmelnizki-Pogrome durch eine rasende Meute geschehen,

die im Blutrausch sich jeder Kontrolle entzieht, sondern wurden von Schreibtischmördern wie Adolf Eichmann pedantisch geplant und von Typen wie Mengele an der Rampe von Auschwitz systematisch durchgeführt.

Das stellt die Einmaligkeit dieser Tragödie dar. Was steht im Hintergrund dieses noch immer unfaßbaren Geschehens, das einer neuen Generation in seiner Einmaligkeit nicht erkennbar ist?

Vordergründig gesehen, ging es um eine Rassentheorie, die den Juden als Untermenschen einstufte und seine Ausrottung sozusagen als eine Art ökologisches Problem sah. Die Menschheit sollte vom jüdischen Bazillus befreit werden, der sie vergiftet. Die Ausrottung der Juden wurde mit der Ausrottung von Schädlingen und Ungeziefer gleichgesetzt.

Der Rassenantisemitismus in seiner letzten Konsequenz stellt den Judenhaß in dritter Existenz dar.

Vorausgegangen war der jahrhundertealte Anti-Judaismus der Kirche. Ohne die Drachensaat dieses Antijudaismus, der die Juden zu Gottesmördern und damit zu Feinden der Menschheit degradierte, wäre die letzte Perversion im Dritten Reich nicht denkbar.

Zwischen dem kirchlichen Antijudaismus und dem antikirchlichen Rassenhaß des Nationalsozialismus steht die Epoche des bürgerlichen Antisemitismus, der vorwiegend soziale Tendenzen hatte. Bürgermeister Lueger in Wien und Hofprediger Stöcker in Berlin, Gründer der christlich-sozialen Bewegung, sind die Väter dieses modernen Antisemitismus, der zwar noch (bei Stöcker) religiös unterwandert ist, aber das jüdische Element in der Wirtschaft und im kulturellen Leben vorrangig bekämpft.

Hitler war fraglos von Männern wie Lueger und Stöcker beeinflußt, aber er bezeichnete als seinen eigentlichen Lehrmeister Richard Wagner. Bei Wagner findet sich ein ins

Mythische gesteigerter Judenhaß, der vor allem auch in seinem letzten Werk, dem „Parsifal“, gewaltig anklingt. Dieses Bühnenweihespiel endet mit der „Erlösung des Erlösers“.
Was ist damit gemeint?
Wagners Schwiegersohn, Houston Steward Chamberlain, hat es enträtselt. Es geht um die Erlösung Jesu von seinem Jude-Sein. Erst der arische Christus ist der erlöste Erlöser.
Dieser Wahnwitz schlug im Dritten Reich bei den sogenannten Deutschen Christen zu Buche.
Man unterschätze solches Spintisieren nicht. Ist nicht Alfred Rosenbergs „Mythos des 20. Jahrhunderts“ von solchen Gedanken inspiriert? Hat sich Hitler nicht selbst in seinen Gesprächen mit Rauschning in pseudotheologische Gedankengänge verloren?
Hitler betonte, daß es nicht zwei erwählte Völker geben könne. Er stellte die Erwählung des arischen Menschen, vorwiegend des Deutschen, der in der Bibel bezeugten Erwählung Israels gegenüber.
Er zweifelte eigentlich nicht an der Erwählung Israels, aber er zog daraus die Folgerung, daß dieses erwählte Volk vernichtet werden müsse, um dem anderen erwählten Volk, dem arisch-deutschen, Raum in der Geschichte zu schaffen.
Man sollte diese satanische Mythologie bei der Deutung des Holocaust nicht übersehen.
Sicher waren den Schergen von Auschwitz diese Gedankenzüge nicht bekannt, vielleicht nicht einmal verständlich, aber die falschen Ideen, Irrlehren im theologischen Sinne, stehen im Hintergrund der unvergleichlichen Tragödie.
Es ist daher nötig, den Erwählungsbegriff anhand der Bibel klar zu definieren. Es geht dabei nicht um eine Höherwertigkeit im Sinne einer Herrenrasse, sondern um ein Bundesverhältnis zwischen dem erwählenden Gott und dem erwählten Volk, das in die besondere Zucht dieses Gottes durch die

Offenbarung seines heiligen Willens genommen ist. Es wird so zum mündigsten der Völker, das in voller Selbstverantwortung steht, und zum Modellfall für alle Völker der Welt, an welchen sich Gericht und Gnade Gottes erweisen, wie an seinem Bundesvolk.

Um den Holocaust zu verstehen, muß die Erwählung Israels neu durchdacht werden.

Unvergessen blieb für das Volk des langen Gedächtnisses, was sich vor Jahrtausenden ereignet hat. Es ist Israel gelungen, diese Erinnerung über die Bibel auch anderen Völkern mitzuteilen.

So lange wir aber nicht die Kraft finden, die unvergleichliche Tragödie des Holocaust für uns zu kanonisieren und gültig in die Liturgie der Synagoge aufzunehmen, wird es auch nicht gelingen, dieses Geschehen dem Vergessen der Welt zu entreißen.

Wir aber leben in einer „Zeit der Gottesfinsternis“, wie es Martin Buber im Anklang an Franz Werfel formulierte. Prophetisches Wort ist unter uns nicht mehr lebendig. Wir gedenken des Uralten und stehen selbst in Gefahr, die unvergleichliche Tragödie unserer eigenen Generation zwar nicht zu vergessen, aber undeutlich werden zu lassen.

Es sind die Dichter, die aufgerufen werden, als Zeugen der Zeit in die Ewigkeit hinein zu künden. Das kann nur erhofft, erwartet und — erbetet werden. Nur das lösende Wort bringt die Erlösung von der Gefahr und der Sünde des Vergessens.

Ein Ansatz in dieser Richtung scheint mir in den Werken von Paul Celan und Nelly Sachs gegeben zu sein.

In seiner „Todesfuge“ (1945) sagt Paul Celan:

„Schwarze Milch der Frühe wir trinken dich nachts
wir trinken dich mittags und morgens,
wir trinken dich abends

wir trinken und trinken
ein Mann wohnt im Haus dein goldenes Haar Margarete
dein aschenes Haar Sulamith er spielt mit den Schlangen
Er ruft spielt süßer den Tod der Tod ist ein Meister aus Deutschland
er ruft streicht dunkler die Geigen dann steigt ihr als Rauch in die Luft."

Im ersten Gedicht ihres Zyklus „In den Wohnungen des Todes" (1946) schreibt Nelly Sachs:

„O ihr Schornsteine,
O ihr Finger
Und Israels Leib im Rauch durch die Luft!"

Fast gleichlautend die beiden Schlußzeilen der hier zitierten Gedicht-Stellen. Die Vorstellung vom Leib Israels, der sich im Rauch durch die Luft auflöst, ist der dichterische Hinweis auf die Entpersönlichung des Todes.
Man wird allein geboren und stirbt allein. Hier aber wird der Tod zum entpersönlichten Massenereignis, dem kein Grab folgt, sondern die namenlose Auflösung in die Luft.
Auch das ist ein Sondergut und Merkmal des Holocaust — der unvergleichlichen Tragödie.
Ist es nicht merkwürdig, daß solche Klagelieder in der Sprache des Feindes gesungen wurden? Aber es gibt keine feindliche Sprache.
Auch dieser Vorgang ist nicht ohne antike Parallele. Das zweite Buch der Makkabäer, das vom Aufstand der Juden gegen den Hellenismus erzählt, wurde ursprünglich griechisch geschrieben. Verfolger und Verfolgte sprachen dieselbe Sprache, damals und gestern.
Paul Celan und Nelly Sachs haben in deutschen Gedichten den organisierten Massenmord in den Gaskammern und die

organisierte Verbrennung der Leichen in den Krematorien heraufbeschworen. Die Masse der Leichen ließ keine Bestattung mehr zu, führte zu einer geradezu industriellen Verbrennung, aber der Rauch-Leib Israels, vom Winde verweht, wurde zum Wort-Leib, dauerhafter als Stein und Mal.

Theologie nach Auschwitz

Können wir nach Auschwitz noch glauben?
Juden und Christen vor dem Problem der Gerechtigkeit und Liebe Gottes

Vierzig Jahre nach dem Ende des Tausendjährigen Reiches, das zwölf Unheilsjahre umfaßte, vierzig Jahre nach der Befreiung der Niederlande von der deutschen Besatzung[1], treten wir zu einer Stunde des Gedenkens und der Rechenschaft zusammen.

Vierzig Jahre sind eine lange Zeit; in der Bibel der Inbegriff einer langen Zeit, die der Mensch noch mit seinem Blick umfassen kann. Eine Generation in der Bibel meint vierzig Jahre. Vierzig Jahre wanderten die Stämme Israels durch die Wüste, bis das Geschlecht der Sklaverei ausgestorben war.

Vierzig Jahre herrschte Friede nach dem Sieg über die Kanaaniter in der Jesreel-Ebene, wie der Schluß des Debora-Liedes kündet.

Nach einer solchen Zeitspanne blicken auch wir auf das Geschehen zurück, die Älteren unter uns als Zeugen der Unzeit. Können wir im Blick auf die Jahre des Holocaust noch so beten und singen, wie wir es ehedem getan haben, wie es unsere Väter und Vorväter hielten? Im Morgengebet der Synagoge wird bis auf den heutigen Tag rezitiert:

„Heil uns! Wie gut ist unser Teil, wie lieblich unser Los, wie schön ist unser Erbe!"

[1] Vortrag in Heerlen, Niederlande, am 10. 3. 1985.

Und in den Kirchen wird gesungen:
„Lobe den Herren, der alles so herrlich regieret,
der dich auf Adlers Fittichen sicher geführet,
der dich erhält, wie es dir selber gefällt;
hast du nicht dieses verspüret?"
Bleibt uns der Lobpreis nicht in der Kehle stecken, wenn wir auf die Aschenfelder von Auschwitz blicken, wenn wir die Massengräber von Bergen-Belsen sehen, die Krematorien von Treblinka und Dachau, und all die anderen Schreckensorte einer unbewältigten Vergangenheit? Können wir da unser Los als lieblich bezeichnen und unser schönes Erbe rühmen? Können wir da lauthals singend deklarieren, daß Gott alles so herrlich regieret?
Können wir mit dem 66. Psalm beten:
„Du hast Menschen über unser Haupt kommen lassen,
wir sind in Feuer und Wasser geraten.
Aber du hast uns herausgeführt und erquicket."
Auf uns, die wir hier versammelt sind, mag das zum Teil zutreffen, aber nicht auf die Millionen Juden, Zigeuner, bekennenden Christen, Sozialisten und Humanisten, und ganz einfach Angehörige vieler Völker, über die Gott Menschen, oder besser gesagt, Unmenschen kommen ließ und die Opfer *nicht* aus Feuer und Wasser rettete.
Wir lesen in der Bibel tröstliche Geschichten vom Opfer des Abraham bis zu den drei Männern im Feuerofen im Buche Daniel.
Das Sohnesopfer des Abraham wurde im letzten Augenblick verhindert. Ein Engel erschien über dem Berge Moria und rief vom Himmel herab dem Abraham zu: „Strecke deine Hand nicht aus und tue diesem Knaben nichts zuleide ..."
Wo blieb dieser Engel über der Rampe von Auschwitz, wo ein Mengele die Hand ausstreckte, um Tausenden von Knaben und Mädchen alles nur erdenkliche Leid anzutun. Ein-

einviertel Millionen jüdischer Kinder sind umgekommen, und kein Engel hat vom Himmel gerufen.
Daniel wurde in die Löwengrube geworfen, aber die Löwen wichen vor ihm zurück, und seine drei Freunde gingen unversehrt aus dem Feuerofen des Nebukadnezar hervor. Nicht einmal ihre Kleider trugen den Brandgeruch.
Aber kein Engel erschien in den Krematorien und in den Gaskammern ...
Die befreiten Sklaven konnten aus dem Hause der Knechtschaft ziehen, das Schilfmeer spaltete sich vor ihnen, aber die Verfolger versanken im Meer:
„Mit Mann und Roß und Wagen
hat sie der Herr geschlagen."
Ich aber sehe die Todesmärsche vor mir, so etwa den langen Zug der ungarischen Juden unter der Peitsche der deutschen Verfolger. Ich sehe die Flüchtlingsschiffe auf hoher See, die vergeblich der rettenden Küste der Urheimat Israels zusteuerten. Kein Meer hat sich vor ihnen gespalten und sie trockenen Fußes ans Ufer geführt. Viele von ihnen sind in den Fluten des Meeres versunken, nicht aber die britische Marine, die den Heimatlosen wie Seeräubern auflauerte.
Kann ich da noch immer von unserem lieblichen Los sprechen und von dem herrlichen Regiment Gottes singen? Darf ich das? Wird solcher Lobpreis nicht zur Lästerung, zur Verhöhnung eines Gottes, der geschwiegen hat, als Millionen zu ihm schrien?
Als Elija auf den Höhen des Karmel Gott um Antwort anflehte, da gab er sie und offenbarte sich im Feuer. Als die Baalspriester zu ihrem Gott schrien, schwieg dieser, so daß Elija spöttisch meinte, dieser Gott schliefe vielleicht.
Waren wir, Juden und Christen, nicht in die Rolle der Baalsanbeter gedrängt, als unser Gott in der höchsten Not schwieg? Man muß diese Situation realistisch erkennen, um

zu verstehen, daß nach all diesen zahllosen Toden eine Theologie nach dem Tode Gottes entstanden ist. Für viele ist Gott selbst in den Krematorien von Auschwitz mit verbrannt.
Ein Zeuge dieser Leiden sagte einmal: „Unsere Gebete glichen Gesprächen mit einem unverbundenen Telefon."
In seinem Buch „Diesseits und Jenseits" berichtet Max Brod die Worte einer alten rumänischen Jüdin: „Ich habe mein Leben lang an Gott geglaubt. Wie die Deutschen gekommen sind und unsere Männer getötet haben — und die Weiber und die Greise —, da habe ich immer noch an Gott geglaubt. Wie sie unseren alten, frommen Raw getötet haben und vorher gemartert — immer noch geglaubt. Seit ich aber gesehen habe, wie sie Säuglinge gegen Baumstämme schlagen, daß das Hirn herausgespritzt ist — da habe ich aufgehört zu glauben, daß es einen Gott gibt."
Der Richter am Obersten Gerichtshof in Jerusalem Chaim Cohn, der aus einer streng orthodoxen jüdischen Familie in Deutschland stammt und einen großen Teil seines Lebens als observanter Jude die Gebote des Rituals praktizierte, erklärte in einer Fernsehsendung im Februar 1985, daß er in tiefer Enttäuschung angesichts der unermeßlichen Tragödie des Holocaust resignierte, von Gott enttäuscht.
Das Problem als solches ist nicht neu, es ist unter dem Begriff Theodizee ein integraler Bestandteil der Theologie und meint die Rechtfertigung Gottes angesichts der Übel in der Welt. Der hebräische Ausdruck lautet: „Zidduk Hadin", die Rechtfertigung des Gerichtes.
Damit wird schon involviert, daß die Leiden als Gericht Gottes aufzufassen sind. Gericht setzt Schuld voraus und meint im Letzten: Strafe. Interpretation der Leiden als Gericht Gottes über den Sünder und über die Welt ist aber nicht die einzige Motivierung, die wir in der Bibel finden. Neben dem Leiden als Strafe und Gericht, wie es am deutlichsten in der

sogenannten Tochecha zum Ausdruck kommt, der Fluchrede (Lev 26,14 ff und Dtn 28,15 ff), finden wir die Leiden als Prüfung, von Abraham bis Ijob, und schließlich das Sühneleiden des Gerechten, wie es vor allem in den Liedern vom Knechte Gottes (Jes 53) dargestellt wird.
Die Kabbala, die jüdische Mystik, geht noch einen Schritt weiter und spricht vom leidenden Gott, der in seinen Geschöpfen mitleidet, ja mitleiden will. Von hier aus ist der Schritt nicht weit zur Theologie des Kreuzes im Christentum.
Alle diese Spekulationen werden aber fadenscheinig und zunichte angesichts einer nicht zu bewältigenden Realität des Grauens.
In der jüdischen Memoirenliteratur wird von einem Manne erzählt, der unter Protest die Synagoge verließ, als ein Prediger, nach der Art der Philosophen, die Kategorien des Leidens erörterte und so durch intellektuelle Spitzfindigkeiten Gerechtigkeit und Liebe Gottes zu retten unternahm:
„Diese Predigt will ich nicht mehr weiter hören“, sagte der Mann und schlug die Tür hinter sich zu.
Wer war dieser Protestierende? Ein Jude, der die Schwere der Hand Gottes gespürt hatte. Er war mit Frau und Kindern bei einem Pogrom geflohen. Die Frau und die Kinder starben auf der Flucht. Der Mann blieb allein und ohne alle Mittel zurück.
Da wandte er sich in einem seltsamen Gebet an Gott und sagte:
„Du kannst mich schlagen und züchtigen wie du willst, aber ich werde nicht aufhören dich zu lieben, so lange Atem in mir ist.“
Ist das nicht Goethes Maxime:
„Wenn ich dich liebe, Was geht‘s dich an?“ von der irdischen auf die himmlische Liebe übertragen?

Im Glaubensbekenntnis Israels lesen wir: „Du sollst den Herrn deinen Gott lieben von ganzem Herzen und von ganzer Seele und mit all deiner Kraft." Und Jesus von Nazareth hat dieses Gebot, zusammen mit dem der Nächstenliebe, als das höchste der Gebote bezeichnet, denn wir können Gott eigentlich nur im Nächsten lieben.
Wir sollen Gott lieben von ganzem Herzen und mit all unserer Kraft — aber wenn es über unsere Kraft geht, wenn dieser Gott der Liebe schweigt, wenn sein Ebenbild millionenfach zertreten wird, können wir ihn dann noch lieben?
Es steht nicht geschrieben: Du sollst den Herrn deinen Gott lieben *über* all deine Kraft, denn damit ist der Mensch schlechthin überfordert. Er kann eigentlich nichts anderes sagen als Ijob, der die Lobhudeleien seiner Freunde, der Advokaten Gottes, nicht hören will: „Ich lege meine Hand auf meinen Mund."
Heinrich Heine hat in seinem Lazarus-Gedicht von 1854 unsere Frage in seiner ironisch-pathetischen Weise in unüberbietbarer Präzision formuliert:

„Warum schleppt sich blutend, elend,
Unter Kreuzlast der Gerechte,
Während glücklich als ein Sieger
Trabt auf hohem Roß der Schlechte?

Woran liegt die Schuld? Ist etwa
Unser Herr nicht ganz allmächtig?
Oder treibt er selbst den Unfug?
Ach, das wäre niederträchtig.

Also fragen wir beständig,
Bis man uns mit einer Handvoll
Erde endlich stopft die Mäuler —
Aber ist das eine Antwort?"

Die Frage ist also grundsätzlich gestellt, aber sie stellt sich uns, der Generation nach Auschwitz, in einer neuen Schärfe und existentiellen Dringlichkeit, die ich noch einmal mit Heine aussprechen will:

„Es ist eine alte Geschichte,
Doch bleibt sie ewig neu,
Und dem sie just passierte,
Dem bricht das Herz entzwei."

Heine sagt das von unglücklicher Liebe — im irdisch-erotischen Sinne. Es gilt aber auch nicht minder für die Agape, die himmlische Liebe, die an der Enttäuschung, an der Verzweiflung zerschellen kann.
Merkwürdigerweise ist dies aber nur selten der Fall.
Bei der Begegnung mit Menschen, die durch die Hölle der Konzentrations- und Vernichtungslager gegangen sind, wurde ich oft an einen Midrasch erinnert: Vier betraten den Pardess (die Fruchtpflanzung; gemeint ist der Garten der Mystik). Einer starb, einer verlor den Verstand, einer wurde zum Ketzer (Elischa Ben Abuja) — und nur Rabbi Akiba ging heil hinein und hinaus.
So ist es auch mit vielen Menschen, die durch die Hölle von Auschwitz gegangen sind. Manche gingen heil hinein und hinaus, als Fromme oder als Agnostiker und Atheisten. Sie blieben durch das grauenvolle Erlebnis doch unverändert.
Blieben sie unverändert, weil sie so vollendet wie Rabbi Akiba waren, oder blieben sie nicht gerade deshalb unverändert, weil sie der „Trägheit des Herzens", wie es Jakob Wassermann nannte, erlegen sind?
Martin Buber sagte mir einmal im Gespräch, über das Problem der Theodizee könne man nicht philosophieren, son-

dern nur aus der Existenz sprechen. Wer diese Erschütterung erlebt hat, dem steht eine Antwort zu, wer sich nur denkerisch mit der latent gegebenen Frage auseinandersetzt, kommt zu trügerischen Schlüssen, zu Trugschlüssen.
Wohl aber scheint es mir statthaft, ja sogar unabdingbar, das Problem nicht nur im individuellen Rahmen zu sehen, sondern auch im kollektiven; nur das entspricht der biblischen Sicht.
So gesehen müssen wir die beiden Pole Holocaust und Errichtung des Staates Israel in den Blick bekommen.
Ein bewährter Zeuge, Rabbiner Leo Baeck, der die Hölle von Theresienstadt durchgestanden hat, beendete sein Buch „Dieses Volk, Jüdische Existenz", das in Theresienstadt selbst unter unsäglichen Qualen konzipiert wurde, mit den Worten aus dem Schlußteil des Jesaja-Buches:
„Wenn auch die Berge weichen und die Hügel hinfallen,
meine Gnade soll nicht von dir weichen
und der Bund meines Friedens nicht hinfallen
spricht der Herr, dein Erbarmer."
Das haben wir erlebt. Der Holocaust war nicht das letzte Wort, war eben *nicht* die Endlösung, als die er gedacht war von Gehirnen, von Haß vernebelt und zerfressen.
Derselbe Tröster im Jesajabuch spricht im Namen Gottes: „Eine kleine Weile habe ich mich von dir abgewandt, aber mit großer Barmherzigkeit will ich mich dir zuwenden, spricht der Herr, dein Erlöser."
Die kleine Weile war freilich für die Leidenden eine Unendlichkeit, aber gleichsam objektiv gesehen war es doch nur ein Augenblick des Grauens in der weltalten Geschichte Israels.
Objektiv gesehen? Das können *wir* nicht. Späteren Generationen wird es möglich sein, die auf diesen Augenblick des Grauens zurückblicken können wie auf andere Schreckens-

epochen: der römischen Unterdrückung Judäas, der Kreuzfahrer, der Inquisition und der Chmelnitzky-Pogrome in Polen. Die Geschichte, nicht nur die Geschichte Israels, ist mit Blut geschrieben.

Verfolgung und Leid sind aber nicht das letzte Wort, immer wieder leuchtet nach einer Sintflut ein Regenbogen der Vergebung auf, ein Strahl der Gnade durchbricht das Gewölk:

„Denn ich weiß wohl,
was ich für Gedanken über euch habe, spricht der Herr.
Gedanken des Friedens und nicht des Leides,
daß ich euch gebe das Ende, des ihr wartet" (Jer 29,11).

Diese Trostverheißung ist kollektiv gefaßt — und darin liegt, vor allem für den heutigen Menschen, auch für den Juden von heute —, eine große Schwierigkeit.

Kann die kollektive „Wiedergutmachung" ein ausreichender Trost für den Einzelnen sein?

Gewiß, das Volk Israel ist gleichsam mit Ewigkeit imprägniert.

Seit seiner Begegnung mit dem Ewigen am Berge Sinai, bei Bundesschluß und Offenbarung des Dekalogs, ist dieses Volk selbst im Schatten des Ewigen ein ewiges Volk, Sein ewiges Volk geworden.

Der Einzelne in diesem Volke aber bleibt, selbst wenn er sich des Bundes bewußt wird, dennoch ein Einzelner. Sein Schicksal ist zwar verwoben mit dem seines Volkes, aber es ist dennoch *sein* Schicksal.

Für den geprüften und geschlagenen Ijob gibt es eine individuelle Wiedergutmachung. Sie bleibt aber legendär, gleichnishaft, so daß die Rabbinen zweierlei zum Buche Ijob bemerken: Ijob hat nie existiert — und die Tage und Nächte der Qual des gedachten Ijob kann selbst Gott nicht ungeschehen machen.

Ijob hat nie existiert, aber gerade deshalb lebt er immer, kehrt er immer wieder in der Gestalt des leidenden Gerechten. Ijob lebt unter uns, tausendfach, unerkannt.
Ich bin vielen Menschen begegnet, die durch die Hölle von Auschwitz oder eines anderen dieser Schreckensorte gegangen sind, die ins Leben zurückgefunden haben, wieder eine Familie gründen konnten, oft auch zu Wohlstand gelangten. Was sie aber in den Nächten schlafloser Erinnerung erleben, das weiß niemand. Davon sprechen sie meistens nicht. Mögen sie Ijob gleichen, dem alles vielfach erstattet wurde; die Tränen der Angst und der Trauer, die Seufzer und Schreie der Gepeinigten vermag kein Gott in das Hallelujah seiner Engel aufzulösen.
Noch in der zärtlichsten Stelle der prophetischen Verheißung (Jes 66,13) lesen wir:
„Ich will euch trösten wie einen seine Mutter tröstet ..."
Hier wird das Vaterbild Gottes einmal durch das Mutterbild abgelöst, da uns niemand so zu trösten vermag wie die Mutter. (Es ist übrigens merkwürdig, daß in den Gleichnissen Jesu niemals von Mutterliebe die Rede ist, nur vom Vater). Aber auch diese mütterliche Tröstung besteht in der nationalen Rehabilitierung:
„Ja, ihr sollt an Jerusalem getröstet werden".
Ich darf diesen Trost Jerusalems bezeugen. Seit einem halben Jahrhundert lebe ich in dieser Stadt und durfte erfahren, wie sie durch Krieg und Belagerung durchgerettet, geteilt und wieder vereinigt wurde, und heute größer und schöner ist als sie je gewesen. Und doch kenne ich in dieser Stadt Menschen, die ungetröstet ihr Leben weiterführen im Schatten ihrer nicht zu bewältigenden Vergangenheit. Sie tragen das Brandmal der Nummer ihrer Entpersönlichung am Unterarm und das Brandmal ihres Schmerzes im Herzen.
Können sie durch Jerusalem ganz getröstet werden?

Manche Menschen suchen einen Ausweg aus dem Dilemma, indem sie betonen, daß in Auschwitz eigentlich nicht Gott, sondern der Mensch in Frage gestellt wurde. Schon die alten Römer wußten, daß der Mensch des Menschen Wolf sein kann, „Homo homini lupus", und die Bibel statuiert ausdrücklich: „Das Trachten des menschlichen Herzens ist böse von Jugend an."

Der böse Trieb, Jezer Hara, ist expressis verbis in der Genesis erwähnt; der gute Trieb wurde erst von der Tradition als Ausgleich hinzugefügt.

Die Bosheit des Menschen, der seinem Mitmenschen die letzte Würde raubt, ihn wie Ungeziefer vernichtet, wurde im Holocaust Ereignis. Bedenkt man, daß diese Unmenschen getaufte Christen waren, keine primitiven Kannibalen; Leute, die in ihrer Jugend die Zehn Gebote gelernt haben, dann wird ihr Versagen noch furchtbarer. Sicher wurde der Mensch in Auschwitz in Frage gestellt, aber warum hat Gott dazu geschwiegen? Wir können die theologische Frage nicht einfach in eine anthropologische Frage umfunktionieren.

Auch in der Bibel vergeht sich der Mensch am Menschen, aber Gott greift ein. Die Sünde ist der Preis der Freiheit. Wäre der Mensch nicht frei, könnte er nicht sündigen. Das Tier sündigt nicht, auch nicht der reißende Wolf, der so und nicht anders von seinem Schöpfer geplant war.

Der Mensch kann und muß daher seinen Destruktionstrieb in Liebe umwandeln. Tut er es nicht, verfällt er der Sünde. Und doch ist der Mensch nicht völlig frei. Nicht von ungefähr lehrt Paulus die Prädestination, spricht von Gefäßen des Zorns und Gefäßen der Gnade. Das Judentum ist Paulus auf diesem Wege nicht nachgefolgt. Seine Nachfolger in der Prädestinationslehre waren Augustinus, Luther und Calvin — um nur die berühmtesten unter ihnen zu nennen.

In den Sprüchen der Väter hat aber auch Rabbi Akiba erkannt, daß alles vorgesehen ist — und dennoch, behauptet er kühn, bleibe die Wahl offen. Ein Paradox: das Paradox unseres Lebens.

Wie wir es drehen und wenden, bleibt das Problem der Theodizee im Grunde unlösbar. Wie Ijob sagen wir: „Darum habe ich unweise geredet, was mir zu hoch ist und ich nicht verstehe“ (Ijob 42,3).

Es bleibt also beim unerforschlichen Ratschluß Gottes, dessen Gedanken so hoch über unseren sind wie der Himmel über der Erde, aber auch diese resignierende Erkenntnis vermag uns nicht zu trösten.

Leichter hat es der Agnostiker oder der Atheist, dem sich wie dem tragischen Theodor Lessing, der 1934 von den Nazis in Marienbad ermordet wurde, die Geschichte als Sinngebung des Sinnlosen dartut. Nach dieser Auffassung ist dem historischen Geschehen kein Sinn abzugewinnen, er werde denn vom Menschen hineingelegt.

Wer aber die geschehende Geschichte der letzten fünfzig Jahre als wacher Zeuge miterlebt hat, spürt den Sinn, nicht zuletzt der Geschichte Israels, in welcher Untergang und Auferstehung Ereignis wurden.

Können wir also dennoch nach Auschwitz glauben, können wir versuchen, stammelnd, wieder zu beten? Können wir Gott vergeben, daß er dem entmenschten Menschen nicht gewehrt hat?

Ich weiß keine andere Antwort als den Lobpreis der Liebe (1 Kor 13,4 ff.):

„Die Liebe verträgt alles, sie glaubt alles,
sie hofft alles, sie duldet alles.
Die Liebe höret nimmer auf.
So doch die Weissagungen aufhören werden

und die Sprachen aufhören werden
und die Erkenntnis aufhören wird."

In der Tat hört die Sprache auf. Wir verstummen angesichts des Grauens. In der Tat hört die Erkenntnis auf, denn wir vermögen solchem Unheil keinen Sinn abzugewinnen. Aber die Liebe höret nimmer auf.

Nur wer liebt, kann glauben, nur wer liebt, kann beten. Die Liebe zu Gott muß sich in der Liebe zum Menschen konkretisieren, vor allem in der Liebe zu den Kindern, auch zu den Kindern der Feinde von gestern.

Der Haß darf nicht fortgeerbt werden von Generation zu Generation.

Widerspricht das nicht dem Gesetz Gottes? So wurde ich von einem jungen Deutschen gefragt, der an der Schuld seiner Väter litt.

Ich sagte ihm, daß tatsächlich in den Zehn Geboten steht, daß Gott die Schuld der Väter an den Kindern bis in das dritte und vierte Geschlecht rächen wird. Der Satz endet aber mit dem Vermerk: „An denen, die mich hassen." Wenn die Kinder und Kindeskinder der Mörder den Irrweg ihrer Väter fortsetzen, trifft sie der Zorn Gottes. Denen aber, die Gott trotz allem lieben, und seine Gebote halten, wird Gnade bis ins tausendste Geschlecht verheißen.

Eine deutsche Jugend, die mit dem blutigen Wahnsinn des Dritten Reiches radikal Schluß gemacht hat, eröffnet uns neue Wege der Liebe – zum Menschen und *damit* zu Gott. Eine solche Jugend hat mir den Glauben an den Menschen und so auch den Glauben an Gott wieder ermöglicht.

Daß es aber heute junge Neonazis gibt, die die Untaten der Väter einerseits leugnen, in der perfiden Formulierung der Auschwitz-Lüge, und sogar solche, die die Untat preisen, macht uns die Liebe schwer. Diese Verführten bilden eine

geringe Zahl, aber weit größer ist die Zahl der Indifferenten, welche die Vergangenheit verdrängen.
Ich meine, daß es die Aufgabe der Wachen ist, die Schlafenden zu wecken und die Verführten zu bekehren. Niemand kann der Jugend diese Aufgabe abnehmen, am wenigsten wir, die Überlebenden des Holocaust.
Die Jugend, nicht nur die deutsche, ist vor die Aufgabe der Bewältigung der Zukunft gestellt, die ohne Bewältigung der Vergangenheit nicht gedacht werden kann.
Die Jugend soll wissen, daß ihr die Aufgabe gestellt ist, den Glauben zu retten durch die Rettung des Menschen, auch den Glauben der Alten. Sicher soll die Jugend vom Alter lernen, aber auch das Alter lernt von der Jugend, lernt wieder lieben und damit wieder glauben:
„Im Munde der Kinder und Säuglinge hast du dir Lob bereitet,
Deinen Feinden ins Angesicht,
Daß Gegner und Widersacher verstummen müssen“
(Ps 8,3 n.d. Übersetzung von Guardini).

Der leidende Mensch

Von Ijob bis zum Knechte Gottes

Der Mensch ist, nach einem Wort aus dem Buche Ijob (5,7), zum Leiden geboren. Nach einer anderen Leseart derselben Stelle, die der hier zweideutige hebräische Text zuläßt, ist es der Mensch selbst, der sein Leid hervorbringt. In diesem Sinne übersetzt ein neuer Interpret des Buches Ijob, Fridolin Stier, unsere Stelle: „Sondern: selber zeugt der Mensch die Pein."

Wie dem auch sei, das Buch Ijob, wir dürfen sogar sagen, die ganze Bibel, sieht den Menschen als das leidende Wesen. Das Leid gehört zum Menschsein, und keine menschliche Existenz ist unter Abzug der Leiden zu denken.

Der Paradies-Mythos will uns lehren, daß der Mensch vor dem Sündenfall ohne Leid, aber auch ohne Schicksal und Geschichte, ohne Liebe und Entscheidung im Paradies der erkenntnislosen Naivität gelebt hat. Nachdem der Mensch aber vom Baum der Erkenntnis gegessen hat und so in die doppelte Zone der Reife eintritt: die Zone der Erkenntnis, die ja im hebräischen Sprachgebrauch beides meint, das Erkennen im Sinne des Eros und im Sinne des Intellekts, ist ihm auch das Leid beigegeben wie der Schatten dem Licht.

„Unter Schmerzen sollst du gebären", wird dem Weibe gesagt, und: „Im Schweiße deines Angesichts sollst du dein Brot essen", wird über den Mann verhängt, um dessentwillen der

Acker verflucht bleibt. So stehen Geburt und Leben unter dem Schatten einer Ur-Sünde, die das Leid in der Welt rechtfertigt.

Wenn hier von Ur-Sünde geredet wird, so ist das nicht mit dem christlichen Begriff der Erbsünde völlig gleichzusetzen. Ein Nuancenunterschied, und wie uns scheinen will, ein wesentlicher, ist hier gegeben. Das Judentum spricht zwar von der Ur-Sünde „Hachet Hakadmon", betont aber gleichzeitig, daß die Seele, die dem Menschen eingehaucht ist, ursprünglich in voller Reinheit besteht, da sie ja Gottes Atem ist. Der Mensch trübt durch seine eigene Schuld die reine Seele.

So berichtet das kabbalistische Buch Sohar, daß dem Menschen in seiner Todesstunde Adam, der erste Mensch, erscheint. Und wenn der Sterbende dem Urvater zuruft: „Um deiner Sünde willen muß ich jetzt aus der Welt", antwortet ihm Adam: „Ich habe nur einmal den Willen Gottes übertreten, wie oft aber hast du Gottes Gebote verletzt?"

Damit will gesagt sein, daß mit jeder menschlichen Existenz, obwohl sie im Zeichen leidvoller Geburt und harter Tage steht, eine neue Chance der Vollendung gegeben ist, die der Mensch verspielt. Immer wieder versagt er, aber er ist nicht verworfen, sondern das Tor der Umkehr bleibt für ihn geöffnet — bis zu seinem letzten Atemzug.

So paaren sich hier ein realistischer Pessimismus und ein optimistischer Glaube in der Erkenntnis des Menschenbildes, wie es im Alten Testament angelegt ist und im Spätjudentum seine weitere Entwicklung erfahren hat.

Dieser realistische Pessimismus, den man auch umgekehrt einen pessimistischen Realismus nennen könnte, sieht den Menschen, wie er ist, ohne Illusion, aber das heißt nicht ohne Liebe. Zum Wesen dieses in seiner Existenz erfaßten Menschen gehört das Leiden. Die Realität, der Ernst, die Schwere

des Leidens werden im Judentum weder bagatellisiert noch idealisiert.
Eine Auffassung wie die der Christian Science, deren Gründerin Mary Baker-Eddy in ihrem Hauptwerk „Science and Health" das Leiden und die Übel als Illusion darstellt, die uns nur durch satanische Kräfte vorgegaukelt werden, ist dem Judentum vollkommen wesensfremd. Aber auch eine oft ekstatische Bejahung der Leiden, ein Sich-Drängen zum Martyrium, wie wir es im Christentum, gerade im Leben mancher Heiligen, feststellen können, ist dem Geiste des Judentums nicht entsprechend.
Im Talmud wird berichtet, daß ein Rabbi schwer erkrankte und auf dem Schmerzenslager stöhnte. Seine Genossen trösteten ihn mit dem Hinweis auf den Lohn der Leiden in der künftigen Welt, er aber entgegnete ihnen so überaus realistisch: „Nicht die Leiden — und nicht ihren Lohn."
Es wäre nun allerdings unrichtig, aus dieser gelegentlichen Anekdote eine verständnislose Ablehnung des Leidens zu folgern. Da das Leiden zum Wesen des Menschen gehört, und da das Judentum von der Sinnhaftigkeit der menschlichen Existenz fraglos überzeugt ist, muß auch das Leiden einen Sinn, ja einen erkennbaren Sinn haben.
Wird es möglich, das Leiden als von Gott verhängt zu erkennen, so wird es schon dadurch erträglicher.

Die Arten des Leidens

Die hebräische Bibel unterscheidet drei Leidensweisen: das Leid als Prüfung, das Leid als Strafe und endlich das Sühneleiden des Gerechten.
Wir sind in dieser Betrachtung vom Buche Ijob ausgegangen, und so wollen wir mit dem Leiden beginnen, das durch Ijob symbolisiert wird: der Ijobs-Position.

Das Leiden, das über Ijob kommt, ist das Leiden der Prüfung. Gott versucht seinen Knecht durch Leiden oder gibt einem der „Benej Elohim“, der Gottessöhne, nämlich dem negativdunklen, dem Satan, die Vollmacht, Ijob durch Leiden zu versuchen.

Hier soll die Frage außer acht gelassen werden, ob es sich, wie heute Victor Maag annimmt, im Ijob-Buch um eine Überwindung des parsistischen Dualismus handelt, in dem die letztliche Machtlosigkeit Satans demonstriert wird. Auch Maags weitere exegetisch hochwichtigen Hinweise auf die Entmachtung des „dogmatischen“ Gottes zugunsten des lebendigen Gottes im Verlaufe des Ijob-Buches können uns hier nicht tangieren. Es geht nur um den Charakter der Ijobsleiden als direkt von Gott, ohne menschliche Vermittlung, gesandte Prüfung. Wie reagiert Ijob auf dieses Leiden? Er wendet sich von dem zürnenden Gott zum gerechten Gott, also von Gott zu Gott.

„Zu Gott blickt tränend auf mein Auge,
Daß er Recht schaffe dem Mann gegen Gott“ (Ijob 16,20 ff.).

Und endlich:

„Sei du selbst mein Bürge bei dir,
Wer will mich sonst vertreten?“ (Ijob 17,3).

Hier liegt der gewaltige Unterschied zwischen dem Menschen von heute und Ijob. Der heutige Mensch stellt, angesichts der Leiden, die über ihn kommen und die er nicht als Strafe und Züchtigung gerechtfertigt weiß, die Frage nach dem Dasein Gottes.

Ijob aber weiß — im Leiden! —, daß sein Zeuge im Himmel ist und der in der Höhe ihn kennt (16,19). In dem „Prozeß“, den er gegen Gott führt, ist Gott Richter, Zeuge und Anwalt in einem, denn Ijob (oder sein Dichter) weiß, daß Zorn, Prüfung, Gerechtigkeit, Verteidigung, Begnadigung — alle nur *eine* Quelle haben können.

Diese Ijobsfrömmigkeit hat sich im späteren Judentum fortgesetzt. Im selben Sinne dichtet Salomo Ibn Gabirol, der mittelalterlich-spanische Dichter, in seiner „Kether Malchuth“ (Reichskrone):

„Und suchst du meine Sünde
Flieh ich vor dir — zu dir.“

Hier wird das Gefühl des ganz von Gott Umfangenseins sichtbar; vor dem Gericht Gottes flieht der Sünder in die Gnade Gottes.

Und noch im 18. Jahrhundert finden wir dieses Bewußtsein in einem chassidischen Liede, dem „Dudele“:

„Ist‘s einem gut — du,
Behüte, schlimm — auch du,
du, du, du ...
Wie ich kehr mich, wie ich wend mich —
Du ...“

In diesem ostjüdischen Volkslied an Gott wird nochmals ergreifend einfach diese Gott-Umfangenheit ausgedrückt, die die Theodizee im philosophischen Sinne nicht kennt, da niemals Gott zur Diskussion gestellt ist, sondern immer der Partner des Dialogs bleibt, den das Menschenleben in Leid und Freud darstellt.

Aber zurück zu Ijob. Der Mann Ijob, der Leidende kat exochen, wird als aus dem „Lande Uz“ stammend dargestellt, also als gottesfürchtiger Heide, und man hat daher des öfteren das Buch Ijob zur „Emigrantenliteratur“ der Bibel gerechnet — zusammen mit dem Büchlein Jona, das die Bußfertigkeit der Heiden (von Ninive) unterstreicht; und dem Büchlein Ruth, welches die Treue der Moabiterin dartut, die des Königs David Stammutter wird. Wenn man aus diesen drei Schriften zum Lobe der „Gojim“, der Völker, etwas wie eine Anti-Esra-Tendenz herauslas, so hat sich andererseits doch immer wieder Israel selbst im Spiegel Ijobs erkannt. Der Tal-

mud aber, der das Buch dem Mose zuschreibt, betont gleichzeitig die Ungeschichtlichkeit des Buches „Ijov lo haja welo nivra"; Ijob hat nie existiert, und so wird der reine Gleichnis-Charakter unterstrichen.
Der Mann der Leiden — und mithin das Volk der Leiden — bleibt dieser Leidensexponent, auch nach der Rehabilitierung, welche das alte Volksbuch von Ijob, in dessen Rahmenhandlung die Dialoge eingefügt sind, als „Ende gut, alles gut" vorsieht.
Die Lehrer des Talmud haben betont, daß Gott selbst dem Ijob die Jahre der Leiden nicht ungeschehen machen kann. Das Leiden bleibt Leiden, auch wenn es belohnt wird.
Gewiß, wir haben in der Bibel das Gleichnis Ijobs, des Menschen, der von Gott der äußersten Belastungsprobe ausgesetzt wird, aber dieser Ijob hat nie existiert.
Der wirkliche, der existierende Mensch wird dem Epilog des Buches Ijob wie einem Traum-Märchen gegenüberstehen, während die Leiden Ijobs bitterste Wirklichkeit sind. Kann es eine „Wiedergutmachung" im Sinne dieses Epilogs wirklich geben?
Sind die sieben Söhne und drei Töchter Ijobs, die ihm nach seiner Passion geboren werden, wirklich ein „Ersatz" für die Kinder, die er verloren hat? Und kann das Geschehene ausgewischt werden aus der Seele dessen, der es erlitten hat? Stehen die Tage und Nächte der namenlosen Qual nicht in der Seele Ijobs als dunkle Wand zwischen ihm und dem unbegreiflichen Gott?
Es ist ganz im Sinne des Ijob-Buches, wenn wir solche Fragen und Feststellungen wagen, denn die harmonisierenden Schönredner, vom Schlage des Eliphas aus Theman und seiner zwei Freunde, erregen nichts als den Zorn Gottes im Ijob-Gleichnis. Dem gedachten Ijob der Bibel sterben seine Kinder, schwindet sein Besitz, seine Gesundheit dahin — er sitzt in der

Asche des Elends. Aber dem wirklichen Ijob unserer Tage ist oft noch Grauenvolleres geschehen: Auch sein Gott ist ihm gestorben. Zu Ijob spricht Gott aus dem Gewittersturm. Zum heutigen Ijob aber drang oft nur noch das eiserne Schweigen aus einem sich ihm erbarmungs- und antwortlos verschließenden Himmel.

Hier liegt die Verschärfung der Ijobs-Position für den heutigen Menschen. Ijob empfängt die Leiden, ohne ihren Sinn verstehen zu können, aber er weiß, daß es Gott ist, der ihm die Leiden schickt. Es ist die Größe Ijobs, daß die ihm von Gott geschickten Leiden seinen Glauben nicht zermalmen können. Noch aus der Asche des Elends bekennt er: „Ich weiß, daß mein Erlöser lebt."

Dieses Wissen des Ijob-Menschen raubt dem Leiden seinen letzten Giftstachel. Der göttliche Ursprung der Leiden adelt sie, läßt sie, selbst wenn sie unverständlich sind, nicht als sinnlos erscheinen. Das Unverständliche und das Sinnlose sind ja keineswegs identisch.

Ein verständlicher Gott, dessen Handlungsweisen uns immer klar und offenbar wären, wäre nicht der Gott der Bibel, der nach seiner eigenen Willensäußerung „im Dunkel" wohnen will, der sich noch in der Offenbarung verhüllt und immer der ganz Andere bleibt, der Deus absconditus, der verborgene Gott (Jes 45,15).

Die Leiden führen den Glaubenden vor das Numinose; den glaubenslosen Menschen aber in die Sinnlosigkeit. Der Glaube Ijobs hält im Leiden stand, so wie der Glaube Abrahams. Das Versuchungsmotiv klingt ja nicht erst im Prolog zum Buche Ijob an, sondern ist bereits das Leit- und Leidmotiv in der Abrahams-Geschichte.

So setzt das 22. Kapitel der Genesis mit den Worten ein: „Nach diesen Begebenheiten versuchte Gott den Abraham und sprach zu ihm: Abraham! und er antwortete: Hier bin ich."

Wir wissen es ja, was nun folgt, der unfaßbar schreckliche Befehl Gottes, den eigenen Sohn, den einzigen, den so sehr ersehnten und geliebten, den Sohn der Verheißung — zu opfern. In diesem Befehl, der im hebräischen Wortlaut nur knappe zwanzig Worte umfaßt, ist — für Abraham — alles Leid der Welt enthalten. Und er sagt weiterhin: „Hier bin ich."

Er stellt sich dem Leid, er nimmt es auf sich, weil es von Gott kommt.

Hier liegt ein Unterschied zwischen Ijob und Abraham vor. Die Leiden kommen über Ijob, ohne daß er vorher die Bereitschaft, sie auf sich zu nehmen, bekundet hat. Abraham wählt in der Freiheit des Glaubens den Weg des Leidens. Er nimmt so den Typus des leidenden Gottesknechtes schon vorweg, auf den wir noch zu sprechen kommen werden. Das gilt übrigens auch für den Sohn Abrahams, für Isaak, der nach der rabbinischen Überlieferung, beim Akte der Bindung auf dem Berge Moria, der sogenannten Opferung Isaaks, schon über dreißig Jahre alt war, und sich daher seinem greisen Vater hätte widersetzen können. Aber auch er spricht das Leitwort dieser Geschichte: „Hier bin ich" — und nimmt so die Leiden in Freiwilligkeit auf sich.

Die Aggada, die hebräische Legende, erzählt hierzu, daß die Engel über die Leiden Isaaks zu weinen begannen, und ihre Tränen fielen in seine Augen, so jene Blindheit verursachend, von der die Bibel uns am Ende der Tage Isaaks erzählt. Will das nicht sagen, daß auch für ihn, den Isaak, die grauenvolle Leidensstunde der Prüfung auf dem Altar zu Moria nicht ungeschehen gemacht werden konnte?

Das Leiden der Prüfung ist für den Menschen kein Spiel. Der Prolog zum alten Volksbuch vom Ijob, an den sich Goethe im Prolog im Himmel zum „Faust" so deutlich erinnert, läßt allerdings dieses Prüfungsleiden als ein Wettspiel zwischen

Gott und Satan erscheinen. Was sich aus himmlischer Perspektive aber als göttliche Komödie dartut, ist aus irdischer Perspektive menschliche Tragödie.

Für den Menschen, den leidenden Menschen, bleibt das Leiden real, auch wenn es Prüfung Gottes ist, auch wenn die Prüfung als Prüfung erkannt worden ist. Was wird im Leiden geprüft? Ein Zweifaches: Gehorsam und Liebe. Gehorsam allein wäre zu wenig. Gehorsam ohne Liebe wird zum Kadavergehorsam, der in eiserner Disziplin, die oft von Sturheit nicht mehr zu unterscheiden ist, jede Schickung des Schicksals hinnimmt.

Leidenschaftlicher, jäher, wild-verzweifelt aber bekennt sich der Liebende zu dem Leid, das aus der Hand Gottes über ihn kommt. So läßt der jüdische Dichter Richard Beer-Hofmann seinen Jaákob sprechen:

„Ich lieb ihn — wie Er ist! Grausam und gnädig
Lauteres Licht — und Abgrund, finster tief!
Ich laß ihn nicht! Ich weiß: zu ihm gehör ich!"

Und der Dichter läßt Gott antworten:

„Ich will mich dir, mein Sohn, ja nur so tief verschulden,
Daß ich erhöhen dich vor Allen darf."

Jaákob wird hier als die Symbolisierung Israels gesehen, dessen Leiden nicht nur Prüfung, sondern zugleich auch die Voraussetzung für die endzeitlich-messianische Erhöhung des Dulders unter den Völkern darstellen. Richard Beer-Hofmann sah in Jaákob das Symbol seines Volkes.

Zwei andere jüdische Dichter deutscher Zunge in unserer Zeit, Karl Wolfskehl und Margarete Susmann, erlebten Ijob als Gleichnis ihres Volkes in den Jahren äußerster Leiden und unfaßbarer Prüfungen, die das Ijobs-Volk, geschichtlich gesehen, bestanden hat.

Leiden als Strafe

Haben wir für das Leiden als Prüfung „Ijob“ als das große Beispiel herausgegriffen, so müssen wir uns nun dem Leiden als Strafe für Sünde und Abfall, für das Brechen des Bundes und des Ungehorsams gegenüber der Forderung Gottes zuwenden. Aus der Fülle der Beispiele, die die Schrift uns bietet, sei hier auf die sogenannte „Tochecha“ verwiesen, die beiden Fluchkapitel der Thora (Lev 26, 14 ff. und Dtn 28,15 ff.). Das Wesentliche an diesen Strafandrohungen für das Nichtbewahren des Bundes, also den Ungehorsam (und Sünde ist immer Ungehorsam gegen Gottes Gebot; ohne Gebot keine Sünde), ist, daß nicht die völlige Vernichtung des Volkes vorausgesagt wird. Der unverwechselbare Charakter des Diaspora-Juden ist hier gezeichnet, der unstet und flüchtig, wie vor ihm Kain, über die Erde geht, zum Morgen sprechend, wenn‘s doch Abend wäre und zum Abend, wenn‘s doch Morgen werden wollte, der plant und nicht ausführt, der pflanzt und nicht erntet. Natur und Völkerwelt haben sich gegen den Sträfling verschworen, Himmel und Erde sind ihm Feind. Ein „freches Volk“ wird als Gottes Sendling über das straffällige Israel geschickt, und Israel wird unter die Völker der Welt zerstreut von einem Ende derselben bis zum anderen. Hier ist das analogielose Schicksal vorausgenommen, das dieses und nur dieses Volk auszeichnet und schlägt in einem.

Aber noch inmitten all dieser Schrecken, die in der Synagoge nur mit halber Stimme im Flüsterton verlesen und nur demjenigen vorgetragen werden, der sich zu solchem Opfergang freiwillig erbietet, findet sich dennoch — unübersehbar —: „Und wird euer ein geringer Haufe übrigbleiben“ (Dtn 28,60). Auf ihn, auf dieses Häuflein der Übriggebliebenen, kommt es an; sie sind der Schear-Jaschuw, der Rest der

Bewahrung bei Jesaja, an dem sich der Bund immer wieder erneuern kann.
Der große Lehrer des Judentums in unserer Zeit, Martin Buber, der wie kein anderer die Botschaft Israels in die Welt trug, kündet das existentielle Erlebnis der Grenzen des Gerichtes: „All die Asche, all die Zerspelltheit, all der lautlose Jammer sind mein; aber der Bund ist mir nicht aufgekündigt worden. Ich liege am Boden, hingestürzt wie diese Steine. Aber aufgekündigt ist mir nicht."
Das ist das Grunderlebnis — Israel in Ewigkeit! — auch inmitten des Gerichtes, auch inmitten der Schmach, aus der je und je neue Offenbarung ergeht. Das letzte Wort, in dieser Sicht, ist nicht das Gericht, sondern die Gnade. Die Leiden, so lange und so tief sie erlitten werden, bleiben doch nur das Vorletzte. Das leidende Volk wird gezüchtigt, aber nie gänzlich verworfen. Diese Erkenntnis klingt immer wieder bei den Propheten des Alten Bundes an.
Der Jude, der sich in die Bundesgemeinschaft des eigenen Volkes fraglos eingefügt weiß, bezieht unbewußt oder bewußt dieses kollektive Schicksal, das um Züchtigung, aber nicht um unaufhebbare Verstoßung weiß, auch auf sein eigenes Leben. Hier liegt wohl eine Wurzel des bekannten jüdischen Optimismus. Wer um einen ungekündigten Bund weiß, der verzweifelt nicht und bekennt mit dem Dichter des 23. Psalms:

„Wenn ich auch im Tal der Todesschatten wandelte,
Fürchte ich nichts Böses,
Denn DU bist bei mir ..."

Das heißt nicht, daß es kein Böses gibt, daß dem Glaubenden, dem Liebenden nichts Böses widerfährt, aber er fürchtet das Böse nicht, denn Gott ist bei ihm. Solange er liebt, ist der Mensch frei von Furcht, wie es das Neue Testament statuiert: „Furcht ist nicht in der Liebe" (1 Joh 4,18).

Daher sah der biblische Mensch den tiefsten Abgrund der Leiden in der Verlassenheit von Gott. Wenn er nicht mehr sagen kann: „ATHA IMAD!“ (Du bist bei mir oder mit mir), wenn er in den Schrei der letzten Verzweiflung ausbricht: „Mein Gott, mein Gott, warum hast du mich verlassen?“ — dann erst hat er den Becher der Leiden bis zur Neige geleert.

Sühne-Leiden

Das Sühneleiden oder auch stellvertretende Leiden ist zunächst aus der Priesterthora zu verstehen, die, wie Eichrodt in seiner Theologie des Alten Testamentes (S. 79) sagt, auf den recht allgemeinen Gedanken beschränkt bleibt, daß das Opfertier den Gotteszorn auf sich übertragen bekommt und durch Darbringung seines Lebens, im Blute des Tieres, eine Sühnung für das Leben der Sünder bewirkt werde.

Der Knecht Gottes

So wie Ijob die große Gestalt des Prüfungsleidens für uns geworden ist, so wurde der EVED JAHWEH, der Knecht Gottes der deuterojesajanischen Konzeption, für die Jahrhunderte das Vorbild des stellvertretenden Sühneleidens (Jesaja 52,13 bis 53,12).
Die alte Frage, ob das stellvertretende Sühneleiden als Regulativ der Welt einem einzelnen überbürdet wird oder dem ganzen Volke, steht hier nur am Rande zur Diskussion.
Das Christentum bezog alle Hinweise auf das Leiden des Gottesknechtes, wiewohl sie in der Vergangenheit vorgetragen werden, auf die spätere Passion Jesu. Das Judentum ging

vorwiegend den Weg einer kollektiven Interpretation und bezog dieselben Worte auf das Volk Israel, das sich in der Gestalt des leidenden Gottesknechtes wiedererkannte.
Im Sinne strenger Exegese sind beide Deutungen nicht haltbar, denn offenbar handelt es sich in den Liedern vom Knechte Gottes um eine Art Nekrolog auf einen verkannten Unbekannten, der bereits als Blutzeuge des Glaubens in schuldlosem Martyrium hingeopfert war, als der Dichter über ihn die Totenklage anstimmte.
Wie dem auch sei: Jüdisches Volksempfinden hat sich im leidenden Knecht Gottes wiedererkannt, bis in das Martyrium der jüngsten Zeit hinein.
So bleibt der Gedanke des stellvertretenden Sühneleidens in verschiedener Abwandlung lebendiges Glaubensgut Israels durch die Zeit, mit eschatologischem Ausblick auf das Reich Gottes.
Dieses Bewußtsein hat dem jüdischen Martyrium durch die Jahrhunderte hindurch die Würde gegeben. Noch in der letzten Erniedrigung, gebunden an den Marterpfahl der Geschichte, hat sich Israel als der Knecht Gottes empfunden. Welche Tragik liegt darin, daß eine christliche Welt, die den Juden am Kreuz als den erhöhten Sohn Gottes verehrt, nicht zu sehen vermochte, daß in der Passion Christi die Passion seines eigenen Volkes vorgelebt und vorgelitten ist. Sollte die Würde der Leiden nur auf Golgatha allein gelten? Ist das Leiden der Unschuldigen, der Gerechten nicht immer auch im Schatten des Kreuzes zu sehen?
Von der Bindung Isaaks, über Golgatha, bis nach Auschwitz zieht sich, in unserer Sicht, eine Blut- und Tränenspur.
Jede Singularität erschiene uns hier als ein Verrat an den anderen. Es gibt für uns nicht nur einen Knecht Gottes, sondern viele, viele — all die Unschuldigen, die „al Kiddusch Haschem", zur Heiligung des göttlichen Namens, in den Tod

gingen. — Der unbekannte Glaubenszeuge, von dem wir im Deuterojesaja lesen, war so ein Blutzeuge und Gottesknecht, dessen Leiden in die Waagschale der Gerechtigkeit geworfen wird, um ein Gegengewicht zu unseren Sünden zu bilden. Er wurde zum Prototypus für alle diejenigen, deren unverschuldetes Leid als Regulativ der Schöpfung eingesetzt wird.

Ich kann das Kreuz von Golgatha nicht isoliert sehen, sondern es steht für mich heute inmitten des furchtbaren Rauches, der aus den Krematorien von Auschwitz und Majdanek gen Himmel stieg, wo unschuldige jüdische Kinder vergast und verbrannt wurden ..., Knechte Gottes, die ein stellvertretendes Leiden tragen mußten, das uns beistehen möchte in der Stunde des Gerichtes. Und ich sehe die Scheiterhaufen der Autodafés der spanischen Inquisition, auf denen Menschen meines Blutes und meines Glaubens „zur höheren Ehre Gottes“ verbrannt wurden, Knechte Gottes, die ein Sühneleiden um ihres Glaubens willen auf sich genommen hatten. Und ich sehe den schönsten deutschen Strom, den Rhein, wie er sich in den Tagen der Kreuzzüge rot färbte vom Blut der hingemetzelten Juden, die um ihres Glaubens an die Einheit und Einzigkeit Gottes willen zu Blutzeugen wurden und zu Gottesknechten und Gottesmägden, deren Verdienst uns beistehen möge, wenn die Bücher des Gerichtes vor dem Herrn der Welt aufgeschlagen werden. Sie alle sind Knechte Gottes — und nicht nur die Juden, sondern auch die Märtyrer der Humanität und der Gerechtigkeit, die unbeugsamen Wahrheitssucher wie Servét und Giordano Bruno, und die vielen, vielen Namenlosen aller Zeiten und Völker. Die Synagoge bekennt: „Die Gerechten aller Völker haben Anteil an der künftigen Welt“. Und nicht nur Anteil: Ihr Verdienst stehe uns bei — nicht allein das Verdienst und der Opfergang dieses Einen.

Der Archetypus des leidenden Gottesknechtes ist im Deuterojesaja vorgegeben; insbesondere im Kapitel 53 des Jesaja-Buches:

„Er hatte weder Gestalt noch Schönheit,
Daß wir nach ihm geschaut hätten,
Kein Ansehen, daß er uns gefallen hätte.
Verachtet war er und verlassen von Menschen.

Ein Mann der Schmerzen und vertraut mit Krankheit,
Wie einer, vor dem man das Antlitz verhüllt;
So verachtet, daß er uns für nichts galt.

Doch wahrlich,
Unsere Krankheiten hat er getragen,
Unsere Schmerzen auf sich geladen;
Wir aber wähnten, er sei gestraft,
Von Gott geschlagen und gepeinigt.

Um unserer Sünden willen ward er durchbohrt,
Zerschlagen um unsrer Verschuldungen willen;
Die Strafe lag auf ihm zu unsrem Heil,
Und durch seine Wunden sind wir genesen.

Wir alle irrten umher wie Schafe,
Wir gingen jeder seines eignen Wegs;
Ihn aber ließ der Herr treffen unser aller Schuld.

Er ward mißhandelt und beugte sich,
Und seinen Mund tat er nicht auf,
Wie ein Lamm, das zur Schlachtbank geführt wird,
Wie ein Schaf, das vor seinen Scherern verstummt.

Aus Drangsal und Gericht
Ward er genommen,
Doch sein Geschick —
Wen kümmert es?

Aus dem Lande der Lebenden
Ward er getilgt,
Ob der Sünde meines Volkes
Zum Tode getroffen" (Jes 53,2-8).

Das ist das Bild des Schmerzensmannes, das dem Christen transparent wird, und in seinem Lichte sieht er die Passion Christi. Das ist das Bild des Schmerzensvolkes, und in seinem Lichte wird dem Juden die Passion Israels sichtbar.
Man wende hier nicht ein, daß es sich doch um eine Einzelperson handele, denn der prophetische Sprachgebrauch hat ja vom eigenen Volke auch im Bilde der Tochter oder der Frau oft und oft gesprochen und vor allem vom Knecht, von „meinem Knecht Jakob". Es kommt hier auch gar nicht auf die ursprüngliche Intention des unbekannten Dichters an, sondern auf die Rezeption im Volksbewußtsein.
Israel als Volk der Leiden mußte sich in diesem Spiegel sehen: ohne Gestalt und Schönheit, verachtet, gemieden von den Menschen. Was der Umwelt als der fluchbeladene Ahasver erscheinen mußte, wurde aus der Perspektive der Innensicht der Knecht Gottes.
Hier wird dem Prügelknaben der Weltgeschichte eine metaphysische Würde verliehen, die ihm die Kraft gab, die Leiden zu ertragen, welche menschliches Maß überschritten haben. Was einer verständnislosen Umwelt wie ehrlose Wehrlosigkeit erschien, wurde so zu einem Martyrium, das der Leidende auf sich nimmt, da er weiß, daß Leiden und Schmach nicht das letzte Wort darstellen, auch wenn, wie unsere „Kina", unser hebräisches Trauerlied, fortfährt, dem Gemarterten sein Grab bei den Gottlosen und bei den Verbrechern gegeben wird, wiewohl er kein Unrecht getan und kein Trug in seinem Munde war. In der Interpretation der Leiden, die wir in dem berühmten Liede vor uns haben, ist es Gott selbst, dem

es gefallen hat, seinen Knecht mit Krankheit zu schlagen und das Leben dieses Knechtes als Schuldopfer einzusetzen.
Aber wie Ijob soll auch der Knecht Gottes die Hoffnung auf eine späte Vergeltung erfüllt sehen. Nachkommenschaft und langes Leben, offenbar ein Leben nach der Auferstehung, wird ihm verheißen, und Gottes Sache wird durch ihn glücken. Dafür, daß er sein Leben in den Tod dahingab und unter die Verbrecher gezählt wurde, soll er die reichste Beute der Großen und Starken ernten.
Das Lied ist im Exil entstanden, in der Babylonischen Gefangenschaft. Es ist das Lied des Exils geblieben — bis in die Todeskammern von Auschwitz. Aus der Gestalt des leidenden Gottesknechtes entwickelt sich die Vorstellung von der Gestalt des leidenden Messias.
Bis zum Ende des zweiten nachchristlichen Jahrhunderts kennt die biblisch-talmudische Tradition nur eine Messiasgestalt, den siegreichen König, den Messias Ben David. Er ist der machtvolle Sieger im Streite Gottes gegen das Böse und die Übel der Welt.
Dann aber bildet sich die Gestalt des leidenden und sterbenden Messias Ben Joseph klar heraus. Wir finden einen literarischen Niederschlag im Babylonischen Talmud, im Traktat Sukka 52, aber die Tradition als solche ist sicher viel älter. In den Evangelien klingt dieses Motiv deutlich an, denn Jesus von Nazareth wird hier einerseits als der Sohn Davids eingeführt, der Messias Ben David, aber zugleich ist er auch ein Sohn Josephs (der zumindest als sein Nährvater genannt wird), und so ist er auch der Messias Ben Joseph. Als solcher leidet er und unterliegt er am Kreuze — um sich dann als der Auferstandene, als der wahre Sohn Davids, zu offenbaren.
In der Gestalt des leidenden, verhöhnten, unterliegenden und sterbenden Messias erfährt das Leiden seine letzte Apotheose. Die Dornenkrone wird zur Krone des Reiches Gottes.

Ein Schimmer von der Aureole, die den leidenden Messias umstrahlt, fällt auf alle, die mit ihm leiden, auch auf den Geringsten unter seinen Brüdern. So wird dem Leiden letztlich eine messianische Würde gegeben, und in dieser Umdeutung liegt das Geheimnis der siegreichen Dulder beschlossen.

Die göttliche Perspektive

Es erhebt sich nun die Frage, die ihrem Wesen nach immer Frage bleiben muß, die Frage der Theodizee, die Frage nach der Rechtfertigung Gottes angesichts der in der Welt wahrnehmbaren Übel. In unserem speziellen Falle ist es vielleicht statthaft, die Frage der Theodizee dahin einzuschränken, daß wir nach dem Leiden des Unschuldigen fragen.

Warum läßt Gott die Unschuldigen leiden, warum will er offenbar dieses Leiden, warum nimmt er das Opfer des Unschuldigen an? Diese Frage ist niemals zur Ruhe gekommen, und in Zeiten der Verfolgungen und der allgemeinen Leiden verdichtet sie sich immer mehr und mehr. In unserer Zeit hat ein jüdischer Denker, Max Brod, im zweiten Band seines philosophischen Hauptwerkes „Diesseits und Jenseits" versucht, eine Antwort zu geben.

Gott ist vollkommen, ewig und das Gute schlechthin.

Aber in seiner Welt sind Unvollkommenheit, das Böse und die Vergänglichkeit evident. Gott will nun, nach dieser Auffassung, die aus Motiven in der jüdischen Traditionsliteratur gespeist wird, auch die dunkle Seite der irdischen Wirklichkeit in sich aufnehmen, um so alles in allem zu sein und den unendlichen Abstand zwischen Schöpfer und Schöpfung zu überbrücken.

Nach dieser Auffassung will Gott selbst leiden, will in Tod und Abschied, in das Böse und Unvollkommene miteindrin-

gen, denn nur so ist seine Vollkommenheit auch nach der dunklen Seite hin möglich.
Gott aber leidet in seinen Knechten; das Leiden der Gerechten ist das Leiden Gottes. So spricht die Aggada immer und immer wieder davon, daß die Schechina, die Manifestationsherrlichkeit Gottes, selbst mit in die Verbannung Israels gezogen ist, daß Gott selbst über den Brand seines Tempels weint, daß Gott mit den Leidenden leidet.
Es ist offenbar, daß wir hier an Interpretationen des Leidens rühren, die dem Judentum und dem Christentum gemeinsam sind. Christlich gesehen ist es ja Gott selbst, der im Leiden seines Sohnes das Leid der Welt auf sich nimmt, um die Welt mit sich selbst durch dieses Leiden zu versöhnen. Die Konzeption ist ähnlich, fast wesensgleich. Der Unterschied liegt nur darin, aber dieses „Nur" ist entscheidend, daß das Christentum dieses Mitleiden Gottes auf die einmalige Erscheinung Jesu beschränkt, während das Judentum pluralistisch und kollektivistisch denkt, und Gott im Leiden seiner Knechte, ja im Leiden aller Kreatur mitleiden läßt.
Mitleiden wandelt sich endzeitlich gesehen in Mitleid. Das große Erbarmen Gottes über seine Welt ist die letzte Hoffnung der Leidenden. Noch in der äußersten Qual haben sie die Hoffnung auf das Reich Gottes, die Macht des Erbarmens nicht verloren.
Zahlreiche Zeugen haben berichtet, daß Juden, die in die Gaskammern getrieben wurden, mit dem Gesang auf den Lippen starben:
„Ich glaube an das Kommen des Messias
Und wenn er auch zögert,
So harre ich sein doch jeglichen Tages,
Daß er komme."
Auch diese Hoffnung ist der christlichen ähnlich, denn die Kirche harrt der Wiederkunft ihres Herrn. Aber der Jude

kann in dieser Welt nicht von schon geschehener Erlösung sprechen.

Eine Introversion der Erlösung und eine Singularisierung der Erlösung kann jüdisch nicht gedacht werden. Keine Einzelseele ist inmitten einer unerlösten Welt herausgenommen und erlöst, denn das Leiden der anderen könnte den Begnadeten nicht in den Genuß wahrer Erlösung gelangen lassen. Er leidet ja das Leiden der anderen mit. So ist diese Welt für den Juden noch ganz und gar unerlöst, aber das heißt nicht ohne Gnade und ohne Hoffnung.

Die menschliche Perspektive

Jeder Versuch, das Problem der Leiden (oder irgendein anderes Problem) aus der göttlichen Perspektive zu sehen, bleibt selbstverständlich spekulativ. „Das Unzulängliche, hier wird's Ereignis". Real bleibt einzig die menschliche Perspektive. Wenn wir, aus der spekulativen göttlichen Perspektive, in den Leiden einen Weg Gottes in die Welt angedeutet haben, so können wir mit weit größerer Sicherheit, aus der uns angemessenen menschlichen Perspektive, die Leiden als Weg zu Gott erkennen.

Nach dem deutschen Mystiker Meister Ekkehard sind die Leiden das schnellste Pferd zu Gott. Wir wollen diese Leidensverzückung nur mit Einschränkung gelten lassen. Näher liegt dem Judentum der Jubelruf des Psalmisten: „Dienet dem Herrn in Freuden".

Die pietistische Bewegung des Ostjudentums im 18. Jahrhundert, der Chassidismus, hat sich ganz auf diese Linie gestellt. Gott will freudige Menschen haben. Es ist der Satan, der unsere Seele verdüstert, sie in Leiden und Kummer hinabzieht und so eigentlich von Gott abzieht.

Eine moderne Denkerin am Rande des Judentums, Simone Weil, hat Schwerkraft und Gnade einander als Polarität gegenübergestellt. Leiden und Trauer, so könnte man sagen, ziehen die Seele des Menschen hinab in die Tiefe, die Gnade aber als gegenläufige Bewegung hebt sie auf und trägt sie zu Gott empor. Aber hier muß man einen Schritt weitergehen, um zu erkennen, daß das Wunder der Gnade darin besteht, daß Leiden und Trauer durch die Gnade verwandelt werden. Sie verlieren ihre Schwerkraft, sie werden, wenn sie in der Liebe bejaht sind, ihrer Schwerkraft völlig entkleidet und tragen selbst empor. In dem leidenden Menschen, der seine Leiden zu bejahen vermag, der ihren göttlichen Sinn erkennt, begegnen einander die Liebe des Menschen zu Gott und die Liebe Gottes zum Menschen. „Aus Leiden Freuden", singt die von der Liebe berührte Seele. Sie stimmt den wunderbaren Lobgesang an, der uns in beiden Testamenten überliefert ist:
„Preise, meine Seele, den Herrn".
Aber wie schwer, wie furchtbar schwer, ist die Bewährung dieser Haltung, die wir hier so leicht mit Worten aufzuzeigen vermochten. Immer wieder wird der Leidende durch die Nacht der Seele geführt. Zu all seinen Verlassenheiten kommt als furchtbarste die Gottverlassenheit hinzu. Wo sich das Antlitz Gottes dem Leidenden verhüllt, da fehlt der Trost, weil der Sinn fehlt.
Judentum und Christentum könnte man als Religionen des Leidens bezeichnen. Sie haben das Leiden nicht aus der Welt bannen können, aber die Sinnlosigkeit des Leidens.
Wie weit diese Interpretation dogmatische Lehrmeinung bleibt, statt existentielle Wirklichkeit zu werden, das hängt von uns selbst ab. Das Judentum hat die Freiheit des Menschen nie geleugnet, aber zugleich auch die Grenzen dieser Freiheit erkannt: „Der Mensch wird des Weges geführt, den er wählt" (Numeri-Rabba 20,11).

Gelingt ihm aus eigener Kraft die Wendung nach oben, dann bietet sich ihm gleichsam die rettende Hand dar und reißt ihn höher und höher empor. Alle Leiden, alle Übel, alle Krankheiten und Schwächen werden damit nicht aufgehoben, aber sie werden erhoben, emporgehoben.
Der Tod selbst erfährt so eine seltsame Umdeutung. Die Aggada spricht vom „Tod im Kusse". Während der Sünder nach dieser alten Vorstellung vom schauerlichen Todesengel hinweggerafft wird, neigt sich Gott selbst zum Gerechten herab und küßt ihn. Und in diesem Kuß nimmt er ihm die Seele wieder hinweg, die er ihm gegeben hat.
Was will dieses Gleichnis sagen? Der Mensch, der im menschlichen Liebesakt gezeugt wird, wird im göttlichen Liebesakt aus dieser Welt der Leiden in die Vollkommenheit Gottes hineingenommen.
Unter den jüdischen Deutungen des Leidens in neuerer Zeit nimmt die Vorstellung des Verhältnisses von Gott und Welt bei dem hebräischen Mythologen Oskar Goldberg (1885-1953) eine Sonderstellung ein. Die Gestalt Oskar Goldbergs ist unter dem Pseudonym Dr. Chaim Breisacher in die Literatur eingegangen, denn Thomas Mann, welcher viele Anregungen durch Goldberg erfuhr, zeichnet die Gestalt Goldbergs unter diesem Namen in seinem deutschen Schicksalsroman „Doktor Faustus".
Goldberg ging in seinem philosophischen Hauptwerk „Die Wirklichkeit der Hebräer" auf die ältesten Quellen der Bibel zurück und wandte sein Augenmerk dem Ritual der Hebräer der Mose-Zeit zu. Andererseits machte er sich das berühmte Paradox der Scholastiker zu eigen: „Finitum est capax infiniti" (Das Endliche ist imstande, das Unendliche zu fassen). Der Weg hierzu schien ihm im altbiblischen Ritual des Opferkultes gegeben. Der unendliche Gott will in die endliche Schöpfung eintreten. Würde er dies in seiner ganzen Macht-

fülle tun, dann würde der Kosmos zum Chaos. Folglich ist eine Selbstbeschränkung Gottes, welche die jüdische Mystik „Zimzum" nennt, nötig. Im Manifestationsrauch der Opfer findet diese Selbstbeschränkung statt und zugleich ein Biologischwerden Gottes, des Körperlosen, der sich so einen sporadischen Körper schafft. (Dieser Gedanke ist wiederum dem christlichen Denken verwandt, da ja auch in den Elementen der Eucharistie das Unendliche in das Endliche gebannt wird und eine Verleiblichung Gottes geschieht).

Nur durch das geoffenbarte Opferritual archaischer Zeiten konnte, nach Goldberg, die Transzendenz Gottes in eine Immanenz verwandelt werden. Da dieses einzig metaphysisch wirksame Ritual aber nicht mehr praktiziert wird, so bleibt für Goldberg, Gott praktisch außerhalb seiner Welt und ist daher für die Leiden des Menschen quasi nicht verantwortlich. Jeder Versuch einer Theodizee wird radikal abgelehnt. Solange es keine neue Manifestationsmöglichkeit Gottes gibt, bleibt die Welt den dämonischen Mächten überlassen, so daß die Leiden des Unschuldigen und Gerechten die logische Folge dieser Gottverlassenheit der Welt darstellen.

So eigentümlich diese Auffassung ist, und so isoliert sie innerhalb des jüdischen Denkens steht, so spricht aus ihr doch eine tiefe Erkenntnis der wurzelhaften Unerlöstheit der Welt — und diese Erkenntnis scheint mir Gemeingut jüdischen Denkens zu sein. Allerdings neigt die religiöse Phantasie des jüdischen Volkes mehr dazu, sich Gott in Trauer um die Leiden in seiner Welt zu denken, die als Frucht der Sünde gesehen werden. Hier berührt sich dieses Denken mit dem Soeren Kierkegaards, der einmal notiert: „Als Kind hörte ich immer, im Himmel sei große Freude, lauter Freude; ich glaubte das auch und dachte mir Gott selig in lauter Freude. Ach, je mehr ich darüber nachdenke, desto mehr komme ich dazu, mir Gott in Trauer sitzend vorzustellen, ihn, der von allen am besten weiß, was Trauer ist."

Immer wieder stehen wir staunend vor solch gleichartigen Erkenntnissen der religiösen Vorstellungswelt in ganz verschiedenen Zeiten und Kulturen. Der Däne Kierkegaard berüht hier in seiner Vorstellungswelt die religiöse Phantasie der hebräischen Aggada, die er nicht kannte. Kierkegaard gehörte aber zu den großen Leidenden, zu den religiösen Melancholikern, und da der Mensch ja nicht nur im Ebenbilde Gottes geschaffen ist, sondern auch immer und immer wieder sein Gottesbild im Spiegel des eigenen Ich sieht, so mußte der Gott Kierkegaards Züge der Schwermut annehmen. Romano Guardini bemerkte über Kierkegaard, daß dieser die Schwermut mit Bewußtsein auf sich genommen habe, als Ausgangspunkt für seine sittliche Aufgabe, als Ebene für sein religiöses Ringen.

Diese ist die Haltung eines Menschen, der von sich sagen mußte: „Groß ist mein Leid, grenzenlos; keiner kennt es, außer Gott im Himmel, und er will mich nicht trösten; keiner kann mich trösten außer Gott im Himmel, und er will sich nicht erbarmen" (Tagebücher I,131).

Wie ein jüngerer Bruder Kierkegaards wirkt der jüdische Dichter unserer Zeit Franz Kafka (1883-1924), der von dem Grundgefühl der tiefen Verlassenheit des Menschen ausging, welcher in dieser Welt der Leiden (Kafka war schwer lungenleidend) die Rettertat Gottes ahnt, aber immer wieder den Weg zu Gott verfehlen muß: „Hoffnung, Hoffnung — aber nicht für uns". In den Symbolen des ewig unerreichbaren „Schlosses", des unanredbaren Gerichtes im „Prozeß" und in dem berühmten Gleichnis „Vor dem Gesetz" zeigt Kafka immer wieder diese Position des in der Welt verfremdeten Menschen, der um Erlösung weiß, aber keinen Zugang zu ihr findet. Damit ist Kafka ein Gleichnis geworden für den Juden und insbesondere für den assimilierten Juden, der die Rückverbindungen zur Glaubenswirklichkeit seiner Ahnen verloren hat. „Das Gesetz", das ihnen offen war, ist ihm verschlossen. Fremd unter den Menschen seiner Umwelt und fremd gegenüber dem Gesetz seiner eigenen Gemeinschaft, ist er in eine sinnlos gewordene Welt der Leiden und Mißverständnisse verstoßen.

In der Welt Kafkas bleibt die Erlösung die fernste Randmöglichkeit, die nie Ereignis geworden ist.

Im Leben Franz Rosenzweigs (1886-1926) aber ging „Der Stern der Erlösung" auf, obwohl dieser wahrscheinlich bedeutendste Religionsphilosoph des neueren Judentums von 1922 an, sieben lange Jahre, völlig gelähmt war und einem furchtbaren Leiden standhalten mußte, das vielleicht nur mit Heinrich Heines „Matratzengruft" zu vergleichen ist.

Aber Franz Rosenzweig wurde geradezu eine beispielhafte Existenz für die Sublimierung des Leidens durch den Glauben. Er konnte nicht mehr ausgehen, um am Gottesdienst der Synagoge teilzunehmen. So kamen die Freunde jeden Sabbat zu ihm, um mit ihm zu beten. Und er, der Gelähmte, dem auch die Sprache versagte, der die Freunde oft nur noch mit einem Blick erreichen konnte, war und blieb der lebendige Mittelpunkt dieser betenden Gemeinschaft. Mehr und mehr wuchs Rosenzweig in den Jahren der Leiden in die Tradition des Judentums hinein, der er als Hegelianer ursprünglich ganz ferne stand. Unter unsäglichen äußeren Behinderungen gelangen noch die Übertragung der Hymnen des Jehuda Halevi und vor allem die Zusammenarbeit mit Martin Buber an der Übersetzung des Alten Testaments: „Die Schrift, zu verdeutschen unternommen von Martin Buber gemeinsam mit Franz Rosenzweig".

Franz Rosenzweig ist am 10. Dezember 1929 gestorben. Martin Buber notierte nach Rosenzweigs Tod: „Der letzte

Gedanke, dessen Äußerung er versuchte — sie ist nicht über den Anfang hinausgelangt —, galt dem Sinne einiger Stücke des Buches Jesaja, der Lieder vom Knecht Gottes."

Rosenzweig ist ein Beispiel für die existentielle Verarbeitung des Leidens aus den Tiefen des jüdischen Glaubens. Ein anderes Beispiel möchte ich aus der jungen hebräischen Literatur bringen. Der hebräische Schriftsteller A.A. Kabak (1180—1944) war der chassidischen Frömmigkeit seiner Väter völlig entfremdet und huldigte einem westlichen Agnostizismus. Durch schwere Krankheit brachen in ihm die Quellen des Glaubens wieder auf, und das Ergebnis war der erste hebräische Jesus-Roman „Im Engpfad". Es ist der Engpfad der Leiden, auf den der hebräische Dichter geführt wurde und in dem ihm Jesus von Nazareth vorangeht, ihm zeigend, wie Leiden in Gehorsam gegen Gott und in Liebe zum Vater getragen werden kann. Kabak tendierte keineswegs zum Christentum, sondern sah in Jesus von Nazareth eine jüdische Gestalt, die uns unmittelbar zu berühren vermag, gerade als die Gestalt des leidenden Juden.

So sah auch der jiddische Dichter Schalom Asch (1880—1957) die Gestalt Jesu, nicht nur in seinem berühmten Roman „Der Nazarener", sondern auch in einer Novelle, in welcher Jesus mit den Bewohnern des Warschauer Gettos wiederum in den Tod geht. Übrigens hat damit Schalom Asch eine Vision seiner eigenen Jugend aufgegriffen, denn schon Jahrzehnte vorher schrieb er eine Erzählung über den römischen Karneval, bei welchem die Juden grausam gequält und verhöhnt wurden. Jesus verläßt in dieser Erzählung die Paläste des Vatikans und mischt sich unter die Gequälten und Leidenden des Gettos am Tiber.

Die Zeit der unsagbarsten Leiden brach in den Jahren der nationalsozialistischen Gewaltverbrechen über das jüdische Volk herein und stellte es vor die Frage der Bewältigung der

Leiden. Ohne zu idealisieren, müssen wir sagen, daß sicher zahllose Menschen im Getto, im KZ und in den Vernichtungslagern an der für sie evidenten Sinnlosigkeit der Leiden nicht nur äußerlich, sondern auch innerlich zerbrochen sind. Aber das Wunder ist, daß es Menschen gab, die hier nicht zerbrachen, die es sogar vermochten, dem Haß gegen ihre Peiniger keinen Raum in ihrer Seele zu gewähren. So wurde uns aus einem Todeslager das Gebet eines Unbekannten überliefert, der bei Gott um Vergebung der Gewalttaten seiner Peiniger bittet, ein Gebet für die Menschen, die *schlechten* Willens sind, das in die Bitte ausklingt, daß auch die grausamen Herzen verwandelt werden möchten, in menschliche. – Das ist eine Äußerung ungebrochener Frömmigkeit, die zugleich größte Freiheit darstellt, denn:

„Säulen, Pfeiler kann man brechen,
Aber nicht ein freies Herz“ (Goethe).

Auch einer tragischen Randerscheinung möchte ich hier gedenken, der jüdischen Philosophin Edith Stein, die als Schwester Teresia Benedikta a Cruce heute als verborgene Märtyrerin für ihr Volk von der Kirche angesehen wird. 1891 als jüngstes Kind ihrer jüdischen Eltern in Breslau geboren, wurde sie als junges Mädchen die Meisterschülerin des ebenfalls jüdischen Philosophen Husserl in Freiburg. 1933 trat sie in den strengen Karmeliterorden in Köln ein. Als sie auch hier nicht mehr sicher war, schickte man sie in ein Schwesternhaus in Holland. Aber auch dort wurde sie von der Gestapo ergriffen und im August 1942 nach Auschwitz deportiert. Selbst die Klostermauern ewiger Klausur konnten sie vor dem Leiden des jüdischen Schicksals nicht bewahren. Sie nahm diese Leiden in einer seltsamen Verbindung ihrer jüdischen und christlichen Existenz auf sich und schrieb in ihr Tagebuch: „Ich will meine Leiden für die Rettung meines Volkes aufopfern.“

In dem unendlichen Zug der Leidenden ragt hier und dort, für einen Augenblick aus der Masse der Namenlosen herausgehoben, eine Gestalt empor, etwa die Dichterin Gertrud Kolmar (1894—1941). Auch sie starb in einem nationalsozialistischen Vernichtungslager. In ihr Gedicht „Wir Juden" bannt sie den Sinn ihrer Leiden in vier gewaltige Zeilen:

„ Und wenn ein Knebel dir im Mund den blutenden Schrei verhält,
Wenn deine zitternden Arme nun grausam eingeschnürt,
So laß mich Ruf, der in den Schacht der Ewigkeiten fällt,
Die Hand mich sein, die aufgereckt an Gottes hohen Himmel rührt."

Wie seltsam ist es, daß auch die jüdische Dichterin Nelly Sachs in ihrer Dichtung „In den Wohnungen des Todes", die sie ihren toten Brüdern und Schwestern 1946, unmittelbar nach der Katastrophe, gewidmet hat, ihre Klage in die Worte faßt:

„Oh ihr Schornsteine,
O ihr Finger,
Und Israels Leib im Rauch durch die Luft!"

Das Bild von der Hand und vom Finger ist beiden Aufschreien gemeinsam. Ist hier nicht unbewußt gesagt: Die Hand Gottes schlägt uns, der Finger Gottes berührt uns, aber unsere Hand, unser Finger, die im Leiden verkrampfte und im Tode sich noch einmal öffnende Hand, weist auf Gott hin.

Die Reihe jüdischer Dichterinnen, die hier als Zeugen der Leiden ihres Volkes aufgerufen wurden, möchte ich mit der größten unter ihnen, Else Lasker-Schüler (1876—1945), beschließen. In einem ihrer späten Gedichte aus den Jahren des bitteren Exils „Ergraut kommt seine kleine Welt zurück" erblickt auch sie den trauernden Gott und nimmt mit ihm die Leiden auf sich:

„Gott weint ... ergraut kommt seine kleine Welt zurück,

Der ER in Seiner Schöpfung schnitt aus himmlischem Türkise.
Es lehren Flügelmenschen, die des Wegs ein Stück
Mich meines Amtes wegen stärken und begießen —
Und wieder jenseits in die Lüfte fließen:
Daß ich für — unerfüllte Gottesweisung — büße."

Natürlich hat sich nicht erst die moderne Dichtung des Judentums mit dem Problem der Leiden befaßt. Die synagogale Liturgie ist voll von Liedern, die dieses Thema immer und immer wieder aufgreifen. Von den Klageliedern des Jeremia in der Bibel bis zu den großen Zionideen des Jehuda Halevi, bis zu den Trauergesängen auf die Opfer aus den Zeiten der Kreuzzüge in den Gemeinden in Deutschland und Frankreich.

Hier soll ein besonders volkstümliches Beispiel zitiert werden, das der Liturgie des Versöhnungstages entnommen ist: Der Tod der Gerechten, ein Pijut eines gewissen Rabbi Jehuda, der die Opfer der hadrianischen Verfolgungszeit besingt. In diesem Liede weinen die Engel selbst über die Leiden der Gerechten vor Gott:

„Und es weinten die Engel an Gottes Thron:
‚Ist dies die Lehre und dieses ihr Lohn?
Ist den Frevlern vergönnt, deinen Namen zu höhnen
Und deine Gerechten mit Martern zu krönen?'
Aber die Stimme des letzten Gerichts
Fordert die Demut des letzten Verzichts:

‚Schweigt, daß die Welt nicht in Chaos versinke,
Daß sie nicht nochmals in Sintflut ertrinke.
Ihr, die ihr nur auf zwei Tagspannen seht,
Hüllt euch in Schweigen und stummes Gebet.'

Das ist's, was wir hörten, zerrissen vor Schmerz,
Darüber verzagt im Leiden das Herz!

Vergossen das Blut der Gerechten im Staub,
O Herr, du im Himmel, bleibe nicht taub.
Vernimm, vernimm das Röcheln der Armen,
Erhabener, thronend so hoch voll Erbarmen."

Hier wird, ähnlich wie bei Ijob, der Verzicht auf eine Antwort gefordert, denn Gottes Gedanken sind nicht unsere Gedanken, seine Wege nicht unsere Wege, und es bleibt dem Leidenden nichts als die Unterwerfung.

Bleibt ihm wirklich nichts anderes übrig? Schimmert für den Leidenden nicht dennoch darüber hinaus die Botschaft des Trostes?

Alles Leiden ist Leiden zum Tode. In jedem Leiden liegt der Todeskeim. Nur die Überwindung des Todes ist letztgültig Überwindung des Leidens. Und das ist es, was der Glaube hofft, denn so ist es ihm verheißen:

„Und abwischen wird Gott, der Herr,
Die Tränen von jeglichem Antlitz
Und die Schmach seines Volkes von der ganzen Erde hinwegnehmen."

Diese Verheißung des Trostes beginnt mit der noch größeren Verheißung: Vernichten wird er den Tod auf ewig (Jes 25,8).

Wer bürgt dafür? Nur der Sprecher des Spruchs, „denn der Herr hat es geredet".

Wer die Leiden als ein Wort Gottes in seinem Leben vernommen hat, der wird auch den Trost der Verheißung als Wort Gottes hören.

Für den Glaubenden ist dieses Wort unverwechselbar. Für den Atheisten ist es nicht zu erkennen. Jean Paul Sartre fragt einmal in seiner Behandlung der Opferung Isaaks, woran denn Abraham die Stimme Gottes erkannt habe. Es könnte

doch ebenso die Stimme Satans gewesen sein, die den Mord am eigenen Sohne befohlen hat.
Die Aggada kannte diese Frage schon und läßt den Satan zu Abraham auf dem Wege nach Moria sprechen. Der Verführer will den Patriarchen vom Gehorsam abspenstig machen und gibt sich als ein Bote Gottes aus, aber Abraham antwortet ihm in der hebräischen Legende: „Das ist nicht die Stimme, die zu mir gesprochen hat."
Der Glaube macht hellhörig. Er allein kann die Stimmen unterscheiden. Für ihn ist es dieselbe Stimme, die im Leiden und im Trost, in Gericht und Gnade zu ihm spricht. Es ist die gleiche Stimme, die das Verdikt der Leiden und des Todes verhängt und endlich im Jubelton der Auferstehung erklingt.

Passion Israels – Passion Jesu

„Das Volk Christi wurde zum Christus der Völker"
Jacques Maritain

Im zweiten Teil des Jesajabuches, dem sogenannten Deuterojesaja, finden sich die Lieder vom Knechte Gottes, die in dem großen Hymnus Jes 52, 13—53, 12 kulminieren.
Dieser geheimnisvolle Hymnus schildert den Gottesknecht als einen unansehnlichen Mann, der weder Gestalt noch Schönheit hatte, von Krankheiten geplagt und schließlich hingeschlachtet wurde und unter Frevlern und Übeltätern sein Grab fand.
Erst später wurde offenbar, daß gerade dieser Namenlose, der solch namenloses Elend trug, der Erwählte des Herrn war, der die Sünden und Verfehlungen anderer auf sich genommen hatte, um ohne Klage und Anklage für sie zu büßen. Der Verworfene ist also eigentlich der Erwählte, dem ein später Lohn, eine reiche Beute zuteil werden soll. Wer ist dieser geheimnisvolle Knecht Gottes? Diese Frage ist uralt. Nach der Apostelgeschichte stellt bereits der äthiopische Kämmerer an Philippus die Frage nach der Identität des Gottesknechtes und erhält darauf die Antwort des Evangeliums: Jesus von Nazareth war dieser Knecht des Herrn, und es ist seine Passion, die im Jesajabuch prophezeit wurde.
Das ist die christologische Deutung dieser Stelle bis auf den heutigen Tag geblieben. Albert Schweitzer ging so weit anzunehmen, daß Jesus selbst im Schatten des Gottesknechtes aufgewachsen sei, sich also in diese Rolle hineingelebt habe, um sie schließlich bis zum bitteren Ende durchzuleiden.

Daneben gab und gibt es aber noch eine andere Auffassung der Lieder vom Knechte Gottes, die in diesem Knechte nicht eine Einzelperson, sondern Israel selbst sieht. Mancherlei Textzusammenhänge, sowohl im masoretischen Text wie in der Septuaginta, sprechen dafür, ja es ist uns durchaus geläufig, daß der prophetische Sprachgebrauch von Israel wie von einer Einzelperson redet, sowohl männlich „mein Knecht Jakob", wie weiblich „Tochter Zion".
Die jüdische Tradition hat vorwiegend die Deutung im *kollektiven* Sinne bewahrt. So beziehen Autoritäten der Synagoge wie Raschi, Joseph Caro und David Kimchi die Lieder vom Knechte Gottes auf die Knesseth-Israel, die Gemeinschaft Israels.
In einer kurzen Studie über die drei großen Propheten schrieb im Jahre 1932 der Oberrabbiner von Altona, Joseph Carlebach, der zehn Jahre später selbst den Weg des Martyriums durch Deportation nach Riga gehen mußte: „Wer dieser Gottesknecht ist, darüber war Jahrhunderte hindurch ein geistiger Kampf zwischen dem Judentum und der christlichen Theologie, bis endlich sich mehr und mehr die Erkenntnis durchsetzte, daß der Knecht Gottes nicht ein einzelner, sondern der Rest des jüdischen Volkes, die in Treue Ausharrenden unseres Stammes sind. Diese Teile der jesajanischen Prophetie sind das größte und gewaltigste was er seinem Volk verkündet hat, größer als alle Messiashoffnung, größer als alle Endgewißheit vom Sieg des Guten, von der Herrlichkeit des zukünftigen Gottesreiches. Denn was er dort sagt, betrifft das schwere *Problem der Theodizee*, das Problem des Leides ... Warum all dieses Leid? Das ist die Frage der Galuth (Verbannung). Warum das Leid des Guten, des Edlen, des Frommen, des Gottesfürchtigen ... aber nicht *warum* leidet der Knecht Gottes, sondern *wozu* leidet er, so sollen wir fragen ... Warum er leidet, darauf bedarf es keiner

weiteren Erklärung. Eben, weil die Menschheit nicht die messianische, weil die Welt nicht die gottgewollte und gottgestaltete ist. *Wozu* er leidet, das ist die einzige Frage. Darauf sagt er uns: ihr leidet nicht umsonst, nicht ohne Ziel und Zweck, ihr leidet, weil durch euer Leid allein die Welt der Zukunft entgegengeführt werden kann, weil in diesem Weltmartyrium Israel die endgültige messianische Gestaltung auf dem natürlichen Wege zur Vollendung bringt."

Es ist ergreifend, heute mehr als vier Jahrzehnte nach dem Opfergang des Verfassers, der einer von Millionen war, dieses Bekenntnis zum Martyrium Israels zu lesen.

Man hat in letzter Zeit öfter die Frage gestellt, ob Juden und Christen dieselbe Bibel lesen, wenn sie das Alte Testament aufschlagen. An den Liedern vom Knechte Gottes erweist sich das grundsätzlich verschiedene Verständnis desselben Buches. Unser Bibelverständnis wird überaus stark vom *Vorverständnis* her geformt. Der Christ blickt im allgemeinen vom Neuen Testament auf das Alte, während der Jude von den Fünf Büchern Mose auf die Propheten und Schriften blickt. Weder Jude noch Christ können sich einer unbefangenen freien Sicht rühmen. So wird der Christ hier im Hymnus vom leidenden Gottesknecht die Passion Christi erkennen, der Jude aber die Passion seines eigenen Volkes, in die er selbst mit hineingestellt ist.

Rein sachlich gesehen, handelt es sich hier weder um die Passion Jesu noch um die Passion Israels, sondern um den Nekrolog auf einen unbekannten Blutzeugen. Manche moderne Exegeten gaben der Vermutung Ausdruck, daß der namenlose Prophet der Trostschrift, den wir Deuterojesaja nennen, selbst gemeint sein könnte. Ich halte es auch für möglich, daß der Prophet Jesaja damit gemeint ist, besitzen wir doch eine apokryphe Überlieferung vom Martyrium des Jesaja, der in einem hohlen Baum durchbohrt oder durchsägt worden sein soll. So könnte ein Klagelied auf den Märtyrerpropheten der Sammlung seiner Reden angehängt worden sein.

Aber diese Fragen der sachlichen Exegese werden zweitrangig angesichts der Wirkungsgeschichte eines Textes. Fragt die historische, philologische, wissenschaftliche Exegese danach, wie es *war;* so fragt die pneumatische Exegese, wie es *wirkt* — und darauf kommt es an.

Im Selbstverständnis der Kirche werden die Lieder vom Knecht Gottes transparent und enthüllen das Antlitz des Schmerzensmannes unter der Dornenkrone. Im Selbstverständnis Israels aber werden diese Lieder transparent und zeigen immer wieder das erwählte, zum Leiden auserwählte Volk, das immer wieder zur Schlachtbank geführt wird. Von der Zerstörung Jerusalems unter Nebukadnezar von Babylon bis Auschwitz und Majdanek.

Schließen diese beiden Deutungen, Deutungen nicht eigentlich aus der Immanenz des Textes, sondern aus der Existenz der Deutenden, einander aus?

Auf den ersten Blick mag es so erscheinen, aber ein Blick in die Tiefe, in die Tiefe der Leiden enthüllt uns die Nähe dieser beiden Auffassungen. Ist nicht Jesus von Nazareth „ein Jude unter Juden", wie Rabbiner Leo Baeck zu sagen pflegte. Ist er nicht der Jude, in dem jüdisches Volksschicksal sich zur Einzelgestalt verdichtet, verhöhnt von der römischen Soldateska, durch römisches Urteil und jüdischen Selbsthaß ans Kreuz geschlagen? — Wird er nicht zum Symbol Israels, das aus tiefster Erniedrigung und Gottverlassenheit immer wieder aufstieg.

Ob wir den Gottesknecht auf Jesus oder auf Israel beziehen, oder den Antagonismus dieser Deutungen von der Wurzel her aufheben, so bleibt doch die Frage offen — die Frage nach dem Leiden, der Passion des Unschuldigen.

Warum leidet der Gerechte?

Das ist die Frage der Theodizee, die die Philosophen stellten ohne sie beantworten zu können. Das ist die Frage, die der biblische Dulder Ijob an Gott selbst stellt — ohne eigentlich eine Antwort zu erhalten. Der Gott Ijobs antwortet aus dem Gewitter und zermalmt den Frager in seiner Kreatürlichkeit, ihm bewußtmachend, daß es ihm nicht zukommt, Geheimnis und Willkür der Allmacht zu enträtseln.
Das ist die Frage, die Heinrich Heine in seinem Lazarus-Gedicht stellt (s. S. 26).
Wir haben sicher keine befriedigende Antwort, aber die Lieder vom Knechte Gottes geben einen Hinweis auf ein letztes biblisches Verständnis der Leiden. Die Leiden treten in der prophetischen Botschaft zunächst als Strafe auf, im Buche Ijob und in manchen Psalmen auch als Prüfung, beim Gottesknecht aber als das stellvertretende Sühneleiden.
Als stellvertretendes Sühneleiden hat das Christentum die Passion Jesu verstanden. Als stellvertretendes Sühneleiden versteht Israel die Passion des eigenen Volkes. Auf die Passion Jesu folgt die Auferstehung, aber auch auf die Passion Israels folgt die Auferstehung des ganzen Volkes.
Ein jüdischer Dichter der vorigen Generation, der Wiener Richard Beer-Hofmann, läßt in seinem Drama „Jaákobs Traum“ den Vater Jakob in der Stunde der Erwählung zu Gott sprechen:

„Herr! Was Dein Wille mir auch auferlege...
Wie Krone will ich's tragen — nicht wie Joch!
Hast Du mein Blut erwählt zur Feuerfackel,
Die ob den Wegen aller Völker flammt...“

Die Stimme des Herrn aber gibt den unendlichen Leiden Israels in der Sprache dieses Dichters den letzten Sinn:

„Ich will ja nur — mein Sohn — mich dir so tief verschulden,
Daß ich — zur Sühne — dich erhöh'n vor allen darf!"

Auch dieser jüdische Dichter hat die Leiden Jakobs erfahren müssen; ist im Exil gestorben.

Es darf uns nicht wundernehmen, daß Passion Israels und Passion Jesu zusammenklingen, daß die hier angeführten Verse auch einem Passionsspiel entnommen sein könnten. Es ist Geist von *einem* Geist, vom Geiste Israels, der die Deutung der Passion des einzelnen in der Passion des Bundesvolkes hervorgebracht hat. Das stellvertretende Sühneleiden ist zunächst aus dem Priesterkodex des Pentateuch zu verstehen. Hier wird der Zorn Gottes auf ein Opfertier übertragen und durch die Darbringung seines Blutes die Sühne bewirkt. Solches Sühneleiden wird als Regulativ der Welt später einem einzelnen oder dem ganzen Volk überbürdet. Aber auch das Judentum kennt die Vorstellung vom leidenden Messias, dem Sohne Josephs, der sterben muß, um die Sünden der Welt mit seinem Tode zu sühnen, ja wir finden sogar im Talmud (Moed-Katan 28a) die Sentenz: „Der Tod der Gerechten entsühnt." In diesem Sinne ruft die synagogale Liturgie die Bindung Isaaks auf dem Opferaltar zu Moria als Fürsprache vor Gott an und erinnert an den Tod der Zehn Märtyrer aus der Zeit der hadrianischen Verfolgungen. In der Litanei des Rabbi Akiba heißt es: „Unser Vater, unser König, tue es um derer willen, die zur Heiligung deines Namens erschlagen wurden, um derer willen, die hingeschlachtet wurden für deine Einheit, um derer willen, die durch Feuer und Wasser zur Heiligung deines Namens schritten."

So bleibt der Gedanke des stellvertretenden Sühneleidens in verschiedenen Abwandlungen lebendiges Glaubensgut Israels durch die Zeit, mit eschatologischem Ausblick auf das Reich Gottes, in welchem — im Akt einer universellen göttlichen

Wiedergutmachung — das Sühneleiden seinen Lohn empfängt. Auch in der Form der prophetischen Symbolhandlung tritt uns in der linken Seitenlage des Propheten Hesekiel das stellvertretende Leiden entgegen, wobei der Prophet die Missetat des Volkes trägt (Hes 4,4).

Was unterscheidet nun Judentum und Christentum in der Interpretation der Passion? Das Christentum sieht nur und ausschließlich in der Passion Jesu das Regulativ der Welt. Dem Judentum aber erscheint hier jede Singularität als ein Verrat an den anderen Märtyrern. Es gibt für uns nicht nur *einen* Knecht Gottes, sondern viele. Wir können das Kreuz von Golgatha nicht isoliert sehen, sondern es steht für uns inmitten des furchtbaren Rauches, der aus den Krematorien von Auschwitz und Majdanek gen Himmen stieg, wo unschuldige jüdische Kinder vergast und verbrannt wurden ..., Knechte Gottes, die ein stellvertretendes Leiden tragen mußten. Und wir sehen die Scheiterhaufen der Autodafés der spanischen Inquisition, auf denen Menschen jüdischen Blutes und Glaubens zur höheren Ehre Gottes verbrannt wurden. Knechte Gottes, die ein Sühneleiden um ihres Glaubens willen auf sich genommen haben. Und wir sehen den deutschen Rhein, wie er sich in den Tagen der Kreuzzüge rot färbte vom Blut der hingemetzelten Juden, die um ihres Glaubens an die Einheit und Einzigkeit Gottes willen zu Blutzeugen wurden und zu Gottesknechten und Gottesmägden, deren Verdienst uns beistehen möge, wenn die Bücher des Gerichtes vor dem Herrn der Welt aufgeschlagen werden.

Der Trost Jerusalems

Im letzten Kapitel des Jesaja-Buches findet sich das wunderbare Trostwort Gottes an Israel:

„Wie einen Mann, den seine Mutter tröstet,
so will ich selber euch trösten,
an Jerusalem werdet ihr getröstet“ (Jes 66,30).

Dies ist, soweit ich sehe, die einzige Stelle in der Bibel, in welcher Gott nicht im Vaterbilde erscheint, sondern im Bild der Mutter. In keiner der Reden Jesu findet ein solcher Durchbruch statt, immer bleibt Gott der Vater, immer ist bei Jesus von der Vaterliebe, nie von der Mutterliebe die Rede; höchstens einmal im animalischen Bereich, im Wort von der Glucke, die ihre Küchlein unter ihren Flügeln versammeln will.

In dem Wort vom Trost Jerusalems aber will Gott sein Volk so trösten wie nur die Mutter uns trösten kann, für die wir Kinder bleiben, auch in vorgerücktem Alter.

Man sieht gleichsam den erwachsenen Mann im Schoß der Mutter ruhen, die ihm zärtlich über das Haar streicht. Für uns, die wir in unserem Bilddenken von europäischer Kunst vorgeformt sind, tritt hier die Pietà des Michelangelo vor das erinnernde Auge. Da kann freilich nicht mehr getröstet werden, und doch scheint es, als ob die Mutterliebe den Tod

besiegte, das Unbegreifliche Ereignis wurde, die Tröstung über den Tod hinaus erfolgte.
Worin aber besteht der Trost in der jesajanischen Verheißung? In Jerusalem.
Nicht *in* Jerusalem soll das trauernde Israel getröstet werden, sondern *an* Jerusalem. Jerusalem selbst soll der Trost sein, wie es im folgenden Spruch heißt: „Ihr werdet's sehen, und euer Herz wird sich freuen, und euer Gebein soll grünen wie Gras. Dann wird man erkennen die Hand des Herrn an seinen Knechten ...".
An dieses Trostwort muß ich oft denken, denn ich habe es selbst erlebt. In fünfzig Jahren Jerusalem, Jahre, die den Holocaust und die Wiedererrichtung des Staates Israel umfassen, ist mir der Trost Jerusalems begegnet, aber freilich auch die große Frage aufgebrochen, ob Jerusalem ein Trost sein kann für die Generation von Auschwitz?
Ich gehöre zu den Bewahrten, habe nur die Vorhölle verkostet und bin nicht durch den Ofen der Leiden gegangen. Aber es sind viele meiner Freunde in die Lager ohne Wiederkehr verschickt worden. Erinnerungsstücke in meinem Zimmer ermahnen mich an die Verschwundenen, deren Gestalten mir vor der Seele stehen und wohl verbleiben werden, so lange noch Atem in mir ist.
Über einem Bücherregal meiner Bibliothek hängt ein seltsames Bild, das die Figuren eines Puppentheaters darstellt. Neben dem Pharao des Auszugs aus Ägypten findet sich Carmen, umgeben von Gestalten aus dem Buch Rut. Es waren die Charaktere von Marionettenspielen, die wir zur Erheiterung eines bedrückten jüdischen Publikums in München aufführten. Wir, das waren einige junge Künstler, unter ihnen die Malerin Maria Luiko, die diese Puppen schuf und sie mir zum Andenken in einem Sammelbild nach Jerusalem mitgab.

Neben diesem Bild steht eine hebräische Uhr, deren Zifferblatt mit Symbolen des Judentums geschmückt ist, dem Löwen von Juda, dem siebenarmigen Leuchter, dem Davidsstern, den segnenden Händen der Priester, und dem Wasserkrug der Leviten, die diese Hände zum Heiligen Dienst waschen . Es war der Maler Rudolf Ernst, der solch seltsame Uhr entwarf. Er verließ München, kehrte in seine jugoslawische Heimat zurück und fand dort den Tod in den Wäldern der Partisanen.
Die zarte Maria Luiko und ihre schöne Schwester Elisabeth wurden zusammen mit ihrer Mutter deportiert ... wohin? Ich kann es nicht genau angeben. In die „Wohnungen des Todes", wie Nelly Sachs die Vernichtungslager nannte.
Der Dichter Max Brod sprach in seinem Alterswerk „Diesseits und Jenseits" davon, daß er nicht nur den Tod seines geliebten Bruders Otto in Auschwitz mitgestorben sei, sondern sechs Millionen Tode sterben mußte. Ich kann das nicht sagen. Wo der Tod in die Millionen geht, entzieht er sich unserer Fassungskraft. Die Millionen bleiben für mich Zahlen, aber die Einzelnen, die Freunde, die kann ich sehen, die stellen sich immer wieder ein in den schlaflosen Stunden der Nacht. Sie sprechen zu uns im Wehen des Windes, im Rauschen des Regens, von welchem Else Lasker-Schüler sagte:
„In meinem Herzen fällt ein Tränenregen.
Wie soll ich dich erkennen lieber Gott ..."
Sie sind immer wieder da, die Freunde, die kein Grab gefunden haben, die im Aschensturm in den Himmel stiegen. Im Lachen der Sonne klingen die heiteren Mädchenstimmen, die jäh verstummt sind, im Flockenfall, der die Erde weiß nivelliert, breiten sie ihre kalten Hände aus, wollen uns fassen und erreichen uns nicht.
Ich habe nur zwei genannt, zwei junge Künstler aus einer Arbeitsgemeinschaft, die sich kurz vor dem Untergang in meiner Heimatstadt bildete.

Sie sollen stellvertretend hier stehen, Maria Luiko und Rudolf Ernst, stellvertretend für Viele, deren Namen eingegraben sind auf der Tafel meines Herzens, aber für Andere nur Schall und Rauch — Rauch im ursprünglichen Sinne — bedeuten.
Wo treten sie vor mich hin? In Jerusalem, der weltalten Stadt, in welcher ich seit einem Menschenleben wohne.
Wenn ich die Kinder auf den Straßen Jerusalems spielen sehe, wie es der Prophet Sacharja beschrieben hat, dann muß ich oft auf ihre kleinen Schuhe blicken. Dann sehe ich den Berg der ausgetretenen Kinderschuhe von Auschwitz. Diese Schuhe mußten abgestreift werden am jähen Ende der ungelebten Leben. An diesem Berg der Kinderschuhe, endeten so viele erst begonnene Wege, endeten im Nichts der Vernichtung.
Kann Jerusalem ein Trost sein für all das, was in den dunklen Jahren geschehen ist, die immer verdunkelt bleiben werden durch den Rauch der Krematorien, eine Dunkelstelle in der Geschichte Israels und der Menschheit.
Die Geschichte ist reich an dunklen Stellen, keine Epoche kann fleckenlos erscheinen, und doch scheint mir dieses Dunkel noch tiefer, noch undurchdringlicher als die vielen, vielen anderen Düsternisse der Weltgeschichte.
Wie soll uns da Jerusalem trösten?
Wenn wir das Einzelschicksal sehen, so kann es keinen Trost geben. Wer vor seiner Zeit durch die Bosheit des Gegenmenschen (das ist der Antipode des Mitmenschen) der Vernichtung anheim gefallen ist, im Massenmord, sogar den individuellen Tod einbüßte, kann durch nichts ersetzt werden.
Es gibt keine Wiedergutmachung, auch nicht durch den Trost Jerusalems.
Aber wenn es uns gelingt, *wenn* es uns gelingt, das kollektive Schicksal in den Blick zu bekommen, dann wird Jerusalem doch zum Trost, dann kann unser Auge geöffnet werden für

die Verheißung: „Ihr werdet's sehen, und euer Herz wird sich freuen, und euer Gebein soll grünen wie Gras. Dann wird man erkennen die Hand des Herrn an seinen Knechten ...".
In den Jahren, in denen ich in Jerusalem lebte und Jerusalem erlebte, wurde es immer größer, und in vielen neuen Teilen auch besonders schön (nicht in allen), und darüber hat sich mein Herz gefreut. Und ich meine, daß auch das Grünen des Gebeins erlebbar ist, die Wiedererweckung des totgesagten Volkes.
Ja, dann wird man erkennen die Hand des Herrn an seinem Knecht. Wir haben in Jerusalem Wunder erlebt, nicht geringer als die in der Bibel beschriebenen. Ich denke an die siebenunddreißigste Belagerung Jerusalems 1948, die ich selbst mit durchgelitten habe, ich denke an den kurzen heftigen Kampf um Jerusalem 1967, der zur Wiedervereinigung der Stadt geführt hat, die durch 19 Jahre hindurch, eine geteilte, eine zerrissene Stadt war.
Ich durfte den Trost Jerusalems erleben, aber ich kann nicht sagen, daß durch ihn das millionenfache Leiden einer nie zu bewältigenden Vergangenheit aufgehoben ist.
Der Glaube der Propheten, der Glaube der Bibel, ist ein primär diesseitiger. In dem Trostwort aus dem letzten Kapitel des Jesajabuches, von dem wir ausgingen, ist kein Hauch von Jenseitigkeit enthalten. Das Wiedersehen mit denen, die wir auf Erden nicht mehr treffen werden, bleibt eine ungestillte Sehnsucht des Herzens. Das prophetische Wort spricht nicht davon. Von Auferstehung am Ende der Tage lesen wir in randhaften Andeutungen (mehr nicht), vom Wiedersehen im Jenseits weiß die hebräische Bibel nichts. Von einer Scheol, einer schattenhaften Unterwelt wird hier und dort gesprochen, sie entspricht in keiner Weise den Hoffnungen der Seele.
Aber von einer Auferstehung des Volkes Israel ist beim Propheten Ezechiel im 37. Kapitel die Rede. Da sieht der Pro-

phet ein weites Feld voller Totengebein, hoffnungslos verdorrt. Aber dieses Gebein wird wieder lebendig zu Fleisch und Blut, mit Odem erfüllt.
Gott selbst deutet dem Propheten dieses Gleichnis: „Du, Menschensohn, diese Gebeine sind das ganze Haus Israels. Siehe, jetzt sprechen sie: unsere Gebeine sind verdorrt, und unsre Hoffnung ist verloren, und es ist aus mit uns. Darum weissage und sprich zu ihnen: so spricht Gott, der Herr: siehe, ich will eure Gräber auftun und hole euch, mein Volk, aus euren Gräbern herauf und bringe euch in das Land Israel."
Diesen Trost haben wir erlebt. Nach 1945 drängten die lebendigen Leichname des Restes der Bewahrung aus den Vernichtungslagern in das Land Israel. Noch lange war ihr Leidensweg nicht beendet. Man denke nur an die Irrfahrten von Flüchtlingsschiffen wie „Exodus", welchen die rettende Küste der Heimat verwehrt wurde. Das mächtige Albion degradierte diese Heimkehrer zur Kategorie der Seeräuber, die nach dem internationalen Recht der Meere behandelt, in diesem Falle mißhandelt wurden.
Dann zog sich England aus dem Mandatsgebiet Palästina zurück, und am 14. Mai 1948 wurde der Staat Israel proklamiert. Die Tore des Landes waren geöffnet. Jetzt strömten sie in Massen in das Land der Verheißung, die wiedererstandenen Toten des Ezechiel. Neue Leiden waren vielen von ihnen beschieden. Denken wir an die Gefallenen in den Kriegen Israels — bis auf den heutigen Tag. Derselbe Prophet Ezechiel hat auch das geweissagt: „In deinem Blute sollst du leben".
Ich habe das alles mit eigenen Augen gesehen, wunderbar bewahrt, in vielen Gefahren, und durfte mit dem Dichter des 23. Psalms bekennen:

„Auch wenn ich gehn muß
durch die Todschattenschlucht,

fürchte ich nicht Böses,
denn du bist bei mir,
dein Stab, deine Stütze —
die trösten mich."

Wenn man durch diese Jahre des Holocaust, des Zweiten Weltkrieges, der Kriege Israels, einen nicht abreißenden Terror hindurchgerettet wurde, die Siebzig-Jahr-Grenze überschritt, die der Psalmist als natürliche Grenze anzeigt, darf man sich als ein Bewahrter bekennen.
Bewahrung ist Gnade, ganz unverdient, denn es waren viel Bessere, die im Wirbel der Zeit untergegangen sind.
Wenn diese Bewahrung auch noch mit dem erlebten Trost Jerusalems verbunden ist, so sollte des Rühmens kein Ende sein.
Wir aber sind immer wieder kleingläubig, verzagen an Fragen und Klagen unseres kleinen Lebens, zweifeln auch an der Zukunft Jerusalems, der Stadt, über welcher die drohende Wolke der Vernichtung nicht weichen will.
Da denke ich oft an das paradoxe Wort des überwältigten Vaters im Markusevangelium (9,24): „Ich glaube; hilf meinem Unglauben!"
Der Trost Jerusalems ist an die Bedingung des Glaubens gebunden. Getröstet kann nur werden, wer glaubt, aber der Glaubende ist auch *zugleich* der Ungläubige.
Kein Glaube kann gedacht werden, der nicht immer und immer wieder von Unglauben bedroht und erschüttert würde, so wie es kein Licht ohne Schatten gibt. Der Unglaube ist der Schatten des Glaubens. In diese dialektische Spannung sind wir gestellt.
Es gibt Tage in unserem Leben, an welchen wir, im Licht des Glaubens, den Trost Jerusalems erleben dürfen. Es folgen aber wiederum auch die Tage, über welchen die dunkeln Wolken des Unglaubens liegen.

Martin Buber hat von Gottesfinsternis gesprochen. Das Wort stammt eigentlich von dem Dichter Franz Werfel:

„Auch an dem Glaubenshimmel deines Tages
Hängt plötzlich Gottesfinsternis ..."

Das Gedicht schließt mit der Mahnung:

„Erschrick doch wenigstens,
Daß die am Tag erwachten Fledermäuse
Verzweifelt sich an deine Fenster werfen!"

Ja, ich erschrecke, wenn sich die Fledermäuse meines Unglaubens an meine Fenster werfen, aber es sind nicht nur diese Fledermäuse, es sind auch die lieben Gesichter der Entschwundenen, die durch meine Fenster blicken. Sie sehen mich an mit ihren großen erloschenen Augen und ihr verstummter Mund fragt mich: Kannst du dich wirklich an Jerusalem freuen, das wir nicht mehr sehen durften, kannst du Gott preisen, ohne ihn anzuklagen, kannst du deines Lebens froh sein bei so viel Tod?
Und dann muß ich wie Ijob antworten: „Ich lege meine Hand auf meinen Mund."
Die Wunde bleibt, auch wenn der Trost Jerusalems sich einer *kollektiven* Geschichtsbetrachtung unübersehbar darbietet.
Wir sind in diesem Zwiespalt vor das *Problem der Liebe* in einem doppelten Sinn gestellt.
Nur wer sich selbst in der Begrenztheit seines Ego zu relativieren vermag, kann den Trost Jerusalems erleben. Das Schicksal des Volkes Israel, das durch alle Untergänge hindurch bewahrt blieb, vermag ihn zu trösten. Aber es ist wiederum die Liebe, nämlich die Liebe zu den Umgekommenen, die einem unfaßbaren Schicksal zum Opfer gefallen sind, die

sich wie eine dunkle Wolkenwand zwischen die Liebe zum Volksganzen schiebt.
Die Liebe steht gegen die Liebe — und wir stehen mitten darin, wiederum in einer dialektischen Spannung, nicht mehr von Glaube und Unglaube, sondern von Liebe und Liebe.
In solchen Spannungen stehen und bestehen ist die Problematik der Juden dieser Zeit zwischen Untergang und Auferstehung.
Ich spreche hier vom Juden, weil ich aus der eigenen Existenz rede, aber ich spreche dabei zugleich vom Menschen schlechthin. Der Jude, dem sein Menschentum so oft abgesprochen wurde, ist in Wirklichkeit der Prototyp des Menschen. Nur wenn wir das erkennen, wird uns die Bedeutung der Heiligen Schrift für die Menschheit klar. Die Bibel spricht von Israel, auch im Neuen Testament, vorwiegend von den verlorenen Schafen aus dem Hause Israel, zu welchem sich der Rabbi von Nazareth ausschließlich gesandt sah. Aber das Wort der Bibel wird immer wieder transparent, so daß durch das Schicksal Israels das Schicksal der Völker sichtbar wird, durch das Schicksal der biblischen Personen, unser eigenes Schicksal.
Die Jahre des Holocaust sind nicht nur Jahre der Gottesfinsternis für Israel, sondern für Millionen anderer Menschen, Christen und jener, die keinen benennbaren Glauben artikulieren können. In vielen Ländern Europas (und Amerikas) gibt es nur wenige Häuser, an welchen der Todesengel des Krieges spurlos vorübergegangen ist. Sie alle finden sich wieder im Bilde des leidenden Israel, das als ein Modell und Gleichnis vor sie hingestellt wird, mit dem sie sich immer und immer wieder identifizieren — selbst wenn sie es nicht wahrhaben wollen.
So sind wir alle, nicht nur die Juden, in die dialektischen Spannungen gestellt, die ich angedeutet habe.

Die über die Bibel gegebene Identifizierung mit Israel hat immer wieder, paradoxerweise, zur tiefsten Entfremdung gegenüber Israel geführt. Indem sich die Christenheit als das Neue Israel fühlte, wurde das Alte Israel totgesagt oder bis in das Satanische hinein diffamiert.
Während der Apostel Paulus die Heidenchristen als Mitbürger und Hausgenosssen Israels, der Heiligen bezeichnet (Eph 2,19), setzt bereits mit dem sogenannten Barnabasbrief jene Substitutionstheologie ein, welche die Kirche zur alleinigen Erbin der Verheißungen macht. Es mag unterschwellig, im Unterbewußtsein der Christenheit, so etwas wie ein schlechtes Gewissen gewesen sein, das zur Kompensation führte, zu einer Hybris gegenüber dem Judentum.
Erst die Folgen des Holocaust haben hier zu einer Wandlung geführt. Nicht nur, daß der Bogen überspannt wurde, — die Kirche selbst trat in die Rolle des Verfolgten und wurde erstmalig, in ihrem eigenen Empfinden, wieder wesensgleich mit dem Alten Israel.
Die Drachensaat eines kirchlichen Antijudaismus, von den Kirchenvätern über die Scholastik und die Reformation bis in unser Jahrhundert hinein, ging nun in einem antichristlichen Antisemitismus auf. Die Kirche selbst wurde in der Ideologie des Nationalsozialismus weitgehend mit dem Judentum identifiziert. Der frühe Ketzer Marcion erlebte eine Art Auferstehung in den Formationen der Deutschen Christen, die das Alte Testament, die Judenbibel, einfach abschaffen wollten. Konservative Kräfte in der katholischen Kirche und in der Bekennenden Kirche des Protestantismus verwahrten sich dagegen zwar energisch, identifizierten sich aber keineswegs mit den angegriffenen Juden, jenen „geringsten Brüdern" Jesu, mit welchen er sich identifiziert.
Klassische Beispiele für diese Fehlhaltung der Kirchen sind die berühmten Weihnachtspredigten über Judentum, Chri-

stentum und Germanentum von Kardinal Faulhaber (1934) und die Barmer Thesen der Bekennenden Kirche vom selben Jahr. Sowohl die katholische Kirche wie die Bekennende Kirche im Protestantismus hielten unverbrüchlich an der ganzen Bibel fest, ohne ein Wort für das Volk der Bibel zu finden. Man gab dem Antisemitismus innerhalb der Kirche Raum. Ein Vorkämpfer der Bekennenden Kirche wie Pastor Niemöller trat erst auf den Plan, als der Arierparagraph innerhalb der Kirche eingeführt werden sollte. Das ging zu weit. Der Antisemitismus von Bekennenden Christen außerhalb des Raumes der Kirche, in Politik und Leben, blieb undiskutiert.

Nur ein einsamer Rufer, Dietrich Bonhoeffer, erkannte, daß die Judenfrage die Christenfrage ist. Nicht einmal sein Lehrer Karl Barth, der spiritus rector des Kirchenkampfes, konnte ihm voll zustimmen. (Barth erkannte später, zu spät, sein Versagen und gab zu, antisemitischen Antipathien erlegen zu sein.)

Es waren Einzelne, keineswegs nur Christen, die in den Jahren der Verfolgung den jüdischen Menschenbruder unter Einsatz des eigenen Lebens retteten. In Auschwitz leuchtete kein Licht des Evangeliums den Juden in der Nacht des Massentodes. So wurde Auschwitz zum Bankrott des Christentums. Es waren durchwegs getaufte Christen, die den Massenmord an den Juden verübten.

Die Erkenntnis dieses Sachverhaltes dämmerte sehr spät, *nach* dem Untergang des Dritten Reiches.

So entstand der christlich-jüdische Dialog als das Gespräch aus der Schuld, teuer erkauft mit dem Blute von sechs Millionen jüdischer Opfer.

Dieser späte Dialog wurde für mein eigenes Leben prägend. Nach 1945 regte sich der Wunsch bei Christen in Deutschland mit dem Rest Israels in einen dialogischen Bezug zu treten. Es gab und gibt nur wenige Juden, die bereit und in der

Lage sind, dieses Gespräch (auf einer theologischen Ebene) zu führen.
Ich zögerte lange, bis ich Einladungen aus Deutschland Folge leisten konnte. Erst 1956 wagte ich mich zum ersten Mal wieder in das Land meiner Herkunft. Ich habe erlebt, daß eine junge deutsche Generation ratlos vor den Trümmern stand, die ihr Eltern und Großeltern hinterlassen hatten. Ich habe das verlegene Schweigen älterer Menschen in Deutschland und ihre Versuche, jede persönliche Schuld zu leugnen, mit Schweigen quittiert.
Nur wo solche Menschen erklärten, sie hätten von alledem nichts gewußt, habe ich lautstark erwidert und immer wieder das Wort der Schrift zitiert: „Errette, die man zum Tode schleppt, und entziehe dich nicht denen, die zur Schlachtbank wanken. Sprichst du: siehe, wir haben es nicht gewußt!, fürwahr, der die Herzen prüft, merkt es, und der auf deine Seele acht hat, weiß es und vergilt den Menschen nach seinem Tun“ (Spr 24,11—12).
So sehr Verfolger und Verfolgte in der tragischen Epoche von Auschwitz von einander getrennt erscheinen, so sind sie doch wiederum durch ein gemeinsames Schicksal miteinander verbunden.
Juden und Christen haben sich die Frage gestellt, ob und wie nach Auschwitz wieder gebetet werden kann.
Beiden muß klar sein, daß Gebet seinem Wesen nach Antwort an Gott ist. Nur der anredende Gott kann im Gebet erreicht werden.
Judentum und Christentum gehen, von der gemeinsamen Bibel her, vom anredenden Gott aus. Da Gott in seiner Offenbarung zum Menschen spricht, kann der Mensch es wagen, Gott wiederum im Gebet anzureden.
Es erhebt sich aber die Frage, ob Gott zum heutigen Menschen noch spricht? In der Heiligen Schrift, in der hebräi-

schen Bibel des Judentums *und* des Christentums, und im Neuen Testament ist dieses Reden Gottes ganz unreflektiert berichtet.
Wenn aber ein Zeitgenosse uns heute erklärt, daß Gott zu ihm spricht, so neigen wir dazu, ihn an den Psychiater zu verweisen. Heißt das, daß wir uns damit abfinden müssen, daß Gott nicht mehr zu uns redet? Es müßte also nicht nur von einer Gottesfinsternis, sondern von einem Gottesschweigen die Rede sein: Gott ist verstummt.
Eine neuere Entwicklung in der Theologie ist noch darüber hinaus gegangen und hat das berühmt-berüchtigte Wort Nietzsches wieder aufgegriffen: „Gott ist tot" und es zu einer Theologie nach dem Tode Gottes ausgebaut. Ausgehend von theologischen Strömungen in den USA, wurde diese These auch in der deutschen Theologie, etwa von Dorothee Sölle, aufgegriffen. Im Christentum bot sich da eine neue Substitutionstheologie an. Gott ist tot, aber sein Sohn lebt. Christologie tritt anstelle der Theologie, nicht mehr als ihr Bestandteil, sondern gleichsam verabsolutiert.
Während in der traditionellen christlichen Theologie Jesus der Fürsprecher des Sünders vor Gott-Vater ist, wurde er in der Theologie nach dem Tode Gottes zum Sprecher des Vaters vor dem Menschen.
Diese Wende konnte im Judentum zwar nicht nachvollzogen werden, aber auch hier zeigte sich, im amerikanischen Judentum, eine Tendenz zur Theologie nach dem Tode Gottes, denn für viele Juden ist ihr Gott in den Krematorien von Auschwitz mit verbrannt.
Eli Wiesel hat das in einem persönlichen Bekenntnis klar zusammengefaßt:
„Nie werde ich diese Nacht vergessen, die erste Nacht im Lager, die mein Leben in eine einzige lange Nacht verwandelte, siebenfach verflucht, siebenfach versiegelt. Nie werde ich

den Rauch vergessen. Nie werde ich die kleinen Gesichter der Kinder vergessen, die ich in Rauch aufgehen sah unter einem schweigenden blauen Himmel.
Nie werde ich die Flammen vergessen, die meinen Glauben für immer verschlangen ...
Nie werde ich diese Augenblicke vergesssen, die meinen *Gott und meine Seele töteten ...*"
Gegen ein solches Argument aus der Tiefe des erlittenen Schmerzes gibt es keine Erwiderung.
Wir aber, die wir nicht dieser äußersten und letzten Belastungsprobe ausgesetzt waren, haben kein Recht, vom Tode Gottes zu sprechen.
Ich glaube auch nicht, daß wir vom Verstummen Gottes sprechen können, wohl aber von der Taubheit des Menschen unserer Zeit. Gott spricht zu uns durch sein Wort, wie es uns in der Heiligen Schrift überliefert ist. Ich meine das nicht in einem fundamentalistischen Sinn. Die Bibel ist für mich sicher ein Stück Weltliteratur, menschliches Wort, von uns meist unbekannten Autoren zu verschiedenen Zeiten, aufgrund mündlicher Überlieferungen schriftlich fixiert. Aber quer durch diese Menschenwörter hindurch wird für mich immer wieder das Wort des anredenden Gottes hörbar. Im Laufe meines Lebens waren es verschiedene Teile der Schrift, die mich in einer existentiellen Weise betroffen haben.
Der Tradition des Judentums folgend, war ich in der Jugend viel stärker auf das Wort der Thora fixiert, der Fünf Bücher Mose. Erst in reiferen Jahren erschloß sich mir das prophetische Wort als das primäre, und nur zögernd fand ich den Weg zu den Psalmen, die mir in sehr unterschiedlicher Weise bedeutsam wurden.
Das apokalyptische Schrifttum, Stellen bei Ezechiel und vor allem die Visionen des Daniel, entziehen sich noch immer

meinem Verständnis. (Das gilt in erhöhtem Maß von der Offenbarung des Johannes im Neuen Testament.)
Wenn ich also auch keineswegs, wie die jüdische Orthodoxie und die christlichen Fundamentalisten, an einer Verbalinspiration festhalte, so bedeutet mir doch das Wort der Schrift jenes Licht auf meinem Wege, von dem der Psalm 119 (Vers 105) spricht.
In jungen Jahren wollte ich nur *dieses* Licht gelten lassen und habe jede theologia naturalis (sicher unter dem Einfluß von Karl Barth) radikal abgelehnt.
Das hat sich geändert. Ich höre jetzt immer wieder den Anruf Gottes in der Zeitgeschichte und in meinem persönlichen Leben. Es gibt da so viele Koinzedente, die mich immer wieder staunend erkennen lassen, daß eine Hand hinter der Welt gleichsam die Fäden zieht auf der Bühne unserer Tage.
Gott wird uns aber auch in der Schöpfung offenbar. Nicht nur in den Schönheiten der Natur, sondern auch und gerade in den Naturkatastrophen, die uns zeigen, wie beschränkt unsere menschlichen Kräfte auch im technologischen Zeitalter geblieben sind.
Allerdings stellen uns diese Katastrophen vor das Problem der Theodizee in noch unlösbarerem Maß als Auschwitz.
In Auschwitz wurde der Mensch zum Unmenschen. Damit bricht die Frage auf, warum Gott das zuläßt, warum er der Freiheit des Willens hier nicht den Riegel des Erbarmens vorschiebt? Kann er es nicht, will er es nicht? Fragen über Fragen, die nicht nur theologisch, sondern auch anthropologisch sind. In Auschwitz bricht das Problem des Menschen abgrundtief auf.
In den Naturkatastrophen aber wird nur die Frage nach Gott unlösbar gestellt. Hat der Schöpfer die Leitung aus der Hand gegeben und überläßt die Elemente der sinnlosen Raserei,

oder sind, wie das die Bibel darstellt, Naturkatastrophen als Gottes Gericht zu verstehen?
Da können wir nicht folgen. Länder und Völker wurden in den letzten Jahren so furchtbar von Erdbeben und Vulkanausbrüchen heimgesucht, deren Schuld nicht erkennbar ist, während das Dritte Reich nicht wie Sodom und Gomorra vom Schöpfergott gerichtet wurde.
Die Stimme Gottes spricht aber zu uns auch, in sehr unterschiedlicher Weise, aus dem Reden oder Schweigen unseres Nächsten. Hier möchte ich an die alte Lehre von den Engeln anknüpfen. Engel sind Boten, sowohl das lateinische Wort Angelus, das ursprünglich aus dem Griechischen kommt, wie das hebräische Wort Mal'ach bedeuten: Bote.
Wir müssen uns diese Boten nicht immer geflügelt vorstellen. Menschen, die es selbst nicht wissen, können zu Boten Gottes werden, die uns zu ihm führen, die uns seinen Willen offenbaren, jeweils das, was von uns in der Stunde der Bewährung gefordert wird, und schließlich, die uns seinen Schutz gewähren.
So ergeben sich also mehrfache Möglichkeiten, das Reden Gottes zu vernehmen. Es kommt darauf an, daß wir unser Herz und unser Ohr für diese *indirekten* Stimmen öffnen. Wenn dies geschieht, wird sich aber auch unser Mund öffnen, und wir werden wieder beten lernen.
Beten nach Auschwitz ist aber ein anderes Beten, denn trotz allem kann das Schweigen Gottes in der Nacht des Holocaust nicht vergessen, nicht verdrängt, nicht verharmlost werden.
Beten nach Auschwitz wird, wenn es ehrlich ist, in die Bitte einmünden:

Und vergib uns unsere Schuld
Wie auch wir vergeben Deine Schuld.

Es mag vermessen erscheinen, daß der Mensch sich anmaßt, Gott zu vergeben. Diese Vorstellung ist aber in der Tradition des Judentums angelegt. Eine chassidische Geschichte berichtet von einem armen Schneider, der am Vorabend des Versöhnungstages, während sich die Familie zur Mahlzeit vor dem großen Fasten versammelt, ein dickes Buch aus dem Schrank holt und dem Herrn der Welt daraus vorliest, wann ER ihn im Laufe des Jahres im Stiche gelassen habe. Da wird auf Heller und Pfennig abgerechnet; all die Unbill, all der Hunger und Ärger, all der Schmerz und Verlust, die dem armen Mann widerfahren sind, dem Schöpfer vorgehalten. Und nun erklärt der arme Schneider, daß er Gott vergeben wolle und bittet ihn, nun auch ihm zu vergeben, wenn er in Tat und Wort oder Gedanken gegen ihn gesündigt habe.

Der Rabbi empfiehlt seinen Jüngern, sich diesen schlichten Juden zum Vorbild zu nehmen, denn er nimmt es ganz ernst, mit der Gotteskindschaft des Menschen, mit der Gegenseitigkeit zwischen Mensch und Gott und mit dem Begriff der Schuld.

Wie steht es nun aber um den Trost Jerusalems? Wir sind von diesem Trost ausgegangen und wollen noch einmal zu ihm zurückkehren. Nur wenn es uns gelingt, in die Zone der gegenseitigen Vergebung einzutreten, können wir den Trost Jerusalems erfahren. Die Botschaft am Ende des Jesajabuches spricht davon, daß Gott sein Volk trösten will, wie eine Mutter ihren erwachsenen Sohn tröstet. Den Trost der Mutter kann aber nur der Sohn empfangen, der mit der Mutter versöhnt ist, den keine Spannung von der Mutter trennt. Trostbereit werden wir erst, wenn wir den Gram aus dem Herzen ausgeräumt haben, der sich dort tief eingefressen hat.

Kann uns das gelingen? Sicher nicht aus eigener Kraft. Hier begegnen wir wiederum einer paradoxen Spannung, aber der

Glaube steht an sich im Zeichen der Paradoxie, worauf Kierkegaard so nachdrücklich hingewiesen hat.
Die Paradoxie dieser spezifischen Glaubenssituation besteht darin, daß wir Gott nur vergeben können, wenn das Licht seiner Vergebung und Gnade unser Herz erhellt hat.
Diese Paradoxie des Glaubens wird durch die Empirie unseres Lebens gestützt: Liebe weckt Liebe. Wenn sich das Kind geliebt weiß, nimmt es den Trost der Mutter an. Wenn wir uns trotz allem von der Liebe Gottes getragen fühlen, können wir dem Liebesgebot, den Herrn von ganzem Herzen, von ganzer Seele und von all unserer Kraft zu lieben, entsprechen. Sicher nicht nur auf dem direkten Weg, dem Weg der Mystik, der nur wenigen vorbehalten ist, sondern auf dem indirekten Wege über Gottes Ebenbild, den Mitmenschen.
Die Liturgie der Synagoge gibt einer tiefen psychologischen Erfahrung Ausdruck, indem sie die Proklamation der Liebe Gottes zu Israel dem Gebot, Gott zu lieben, voranstellt. Nur das geliebte Israel kann seinen Gott lieben.
Die Proklamation der göttlichen Liebe für Israel darf uns aber nicht zu leicht von den gewohnten Lippen kommen. Es ist unendlich schwer, nach Auschwitz zu bekennen: „Gelobt seist du, Herr unser Gott, der sein Volk Israel liebt".
Was ist das für eine Liebe, die dem geliebten Volk die unsäglichsten Qualen bereitet? Diese unabweisbare Frage steht im Rauch über den Krematorien von Auschwitz — und wird vom Wind der Jahre nicht verweht.
Freilich bekennt unser liturgischer Text, der in allen Epochen der Verfolgung, von den Kreuzzügen über die Inquisition bis zu den Chmelnitzki-Pogromen im 17. Jahrhundert und dem Pogrom von Kischinew zu Beginn unseres Jahrhunderts bis in die Tage des Holocaust hinein gebetet wurde, daß Gott *sein Volk* geliebt habe und liebt, aber das heißt nicht, daß das Einzelschicksal im Zeichen solcher Liebe steht.

Können wir über den eigenen Schatten springen, der über unserem Leben liegt und den Blick nur auf das Volksganze richten? Sicher sind wir damit überfordert.

Aber auch der Blick auf das Volksganze ist in unserer Zeit von neuer Bedrohung verhängt. Der Staat Israel konnte die Judenfrage nicht lösen. Gerade das war die Hoffnung des politischen Zionismus, der Judenstaat als Lösung der Judenfrage.

Der Judenstaat hat aber die Judenfrage nur transformiert und transportiert. Aus dem Problem des Einzelnen und der nationalreligiösen Minderheit in einer feindseligen Umwelt, wurde das Problem des jüdischen Staates inmitten einer feindlichen Umwelt. Das ist die Transformierung.

Aus Ost- und Mitteleuropa als Fokus des Antisemitismus wurde der Mittlere Osten zum Brennpunkt des Judenhasses. Das ist die Transportierung.

So ist der Trost Jerusalems nur ein relativer. Das bewahrt uns vor jeder Schwarmgeisterei. Ein Tor der Hoffnung ist geöffnet. Nicht mehr als das. Es wird nicht zuletzt von uns selbst abhängen, ob wir den Trost Jerusalems erfahren können. Das Land der Verheißung ist immer zugleich auch das Land der Bewährung. Hier, und wie ich denke, *nur* hier, ist Israel die Chance der Bewährung geboten, aber damit auch die Gefahr des Versagens.

Der Trost Jerusalems kann nur einem Israel zuteil werden, das von sich aus alles versucht, Jerusalem zu einer Stadt des Friedens zu machen. Der Aufbau der Stadt und des Landes kann ohne den Frieden nicht zum Trost gereichen.

Schalom, Friede, ist nach einem Wort der jüdischen Überlieferung einer der Namen Gottes. Echter Friede ist immer Gottesfriede. Ihm muß erst der Friede mit Gott vorangehen um der Verwirklichung im zwischenmenschlichen Bereich, und damit dem Bereich zwischen den Völkern, Raum zu schaffen.

Ich habe den Trost Jerusalems erleben dürfen, aber als Verheißung und Verpflichtung. Die Erfüllung steht noch aus; sie ist die Sache Gottes und die Aufgabe des Menschen.

Nachwort

Im Mai 1986 fand an der Universität Haifa ein Symposion über das Problem des Zusammenhangs von Holocaust und der Errichtung des Staates Israel statt.
George Steiner, der Literatur an den Universitäten von Genf und Cambridge lehrt, bezog sich auf die von Nachum Goldmann vertretene Auffassung, daß der Staat Israel durch den Holocaust ausgelöst wurde, man könnte hier von der Geburt aus der Tragödie sprechen.
Israelische Historiker widersprachen dieser These, die ich in den hier gesammelten Aufsätzen auch vertreten habe.
Steiner führte aus, daß die Literatur über den Holocaust primär in deutscher Sprache geschrieben werden muß, denn aus dem deutschen Sprachraum ist dieses Martyrium erwachsen. Er sah keinen Zufall darin, daß „der einzige große Dichter des Holocaust", Paul Celan, in deutscher Sprache seine Gesänge gestaltete. Es ist hier in erster Linie an die „Todesfuge" zu denken, in welcher Celan sagt: „Der Tod ist ein Meister aus Deutschland".
Den Namen Paul Celan möchte ich hier hervorheben, denn ohne Frage hat seine dunkle Dichtung am stärksten gewirkt.

Jerusalem, im Sommer 1986 S.B.C.